LE CYCLISME EN INFOGRAPHIE

RCUK
ROADCYCLINGUK

L'imprévu

Sommaire

TECHNOLOGIE

LES ROUES

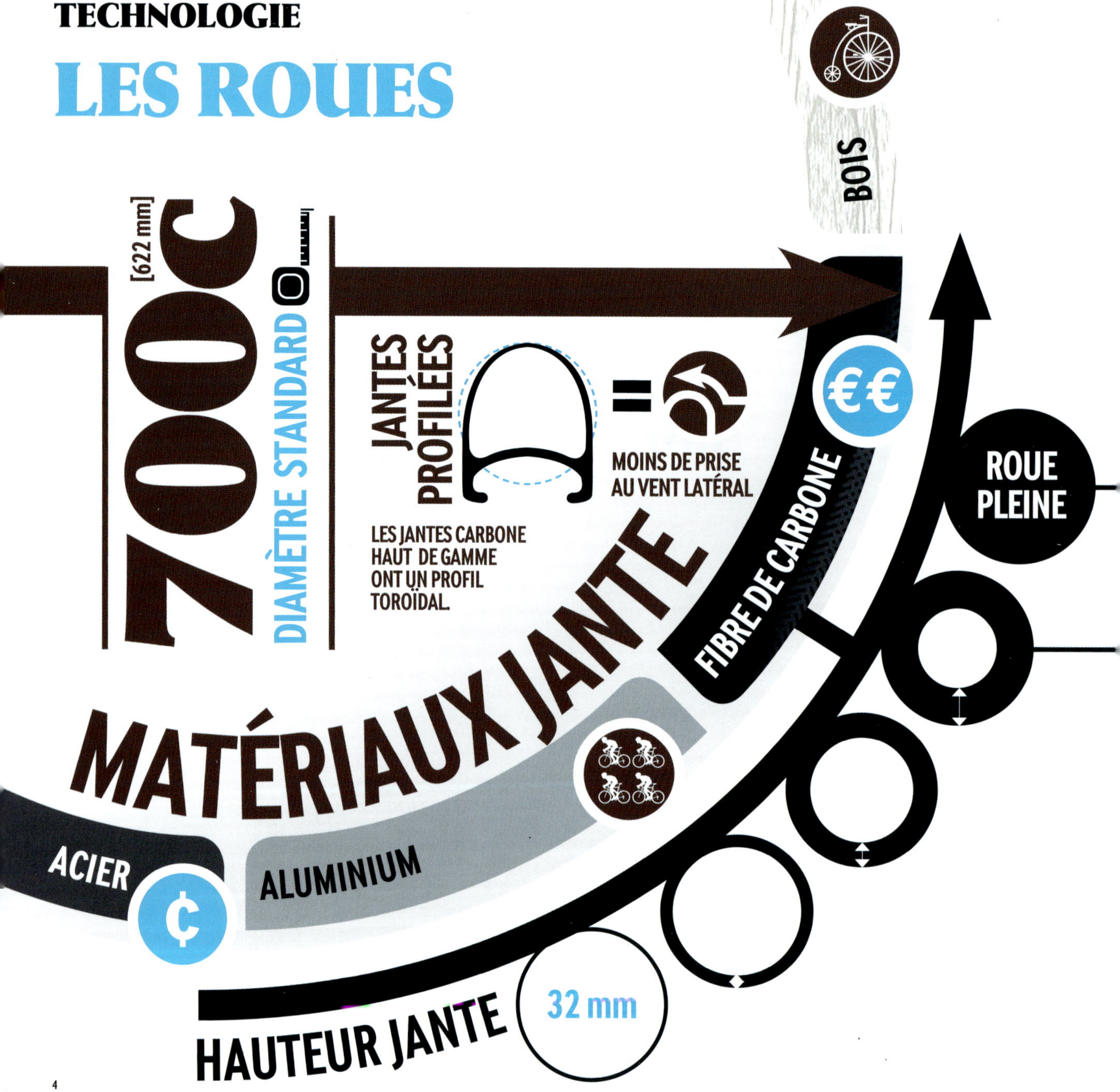

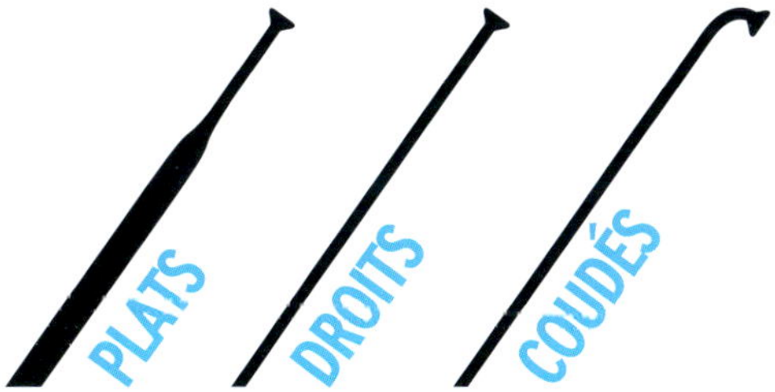

RAYONS

RAYONNAGE =

NOMBRE DE RAYONS + DISPOSITION

CONTRE-LA-MONTRE

ROUE PLEINE À L'ARRIÈRE

SPRINTEURS

MARK CAVENDISH

ROUE ZIPP 808
HAUTEUR DE JANTE : 82 MM

PISTE DE FREINAGE EN CARBONE

PISTE DE FREINAGE EN ALUMINIUM

ROUE

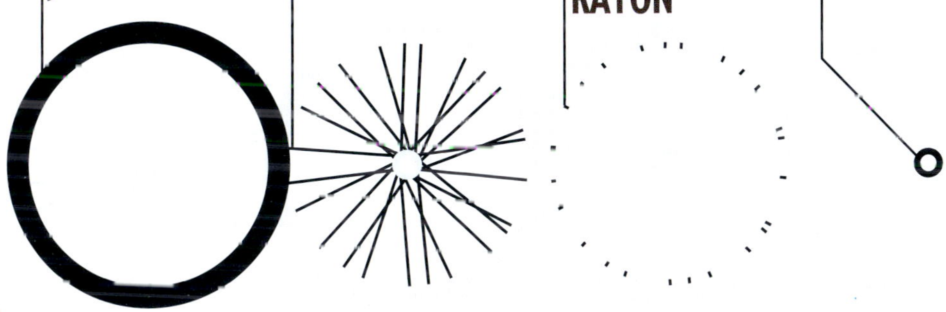

TECHNOLOGIE

LES CADRES

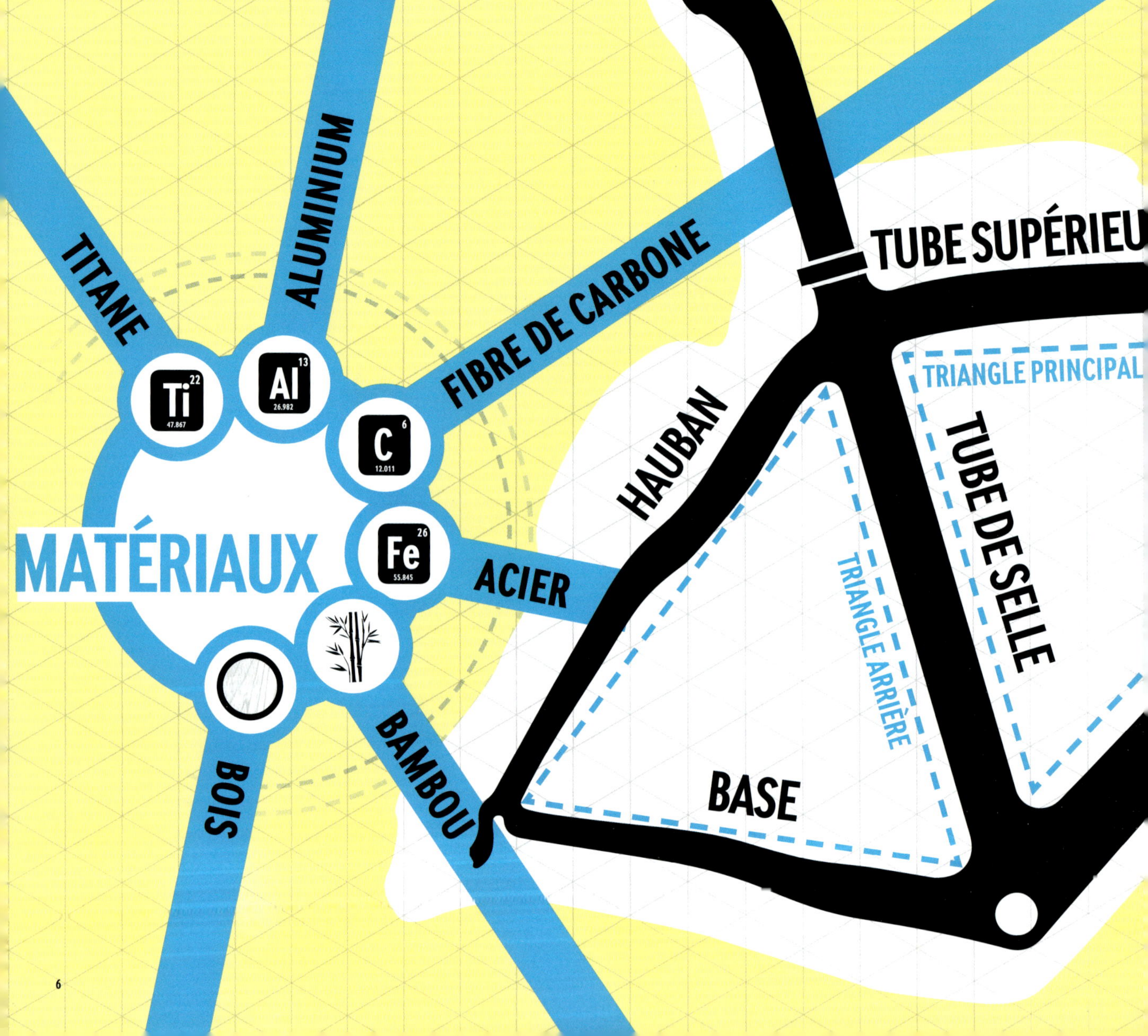

ELLES VARIENT DE :

TAILLES

48 cm → 60 cm

TUBE DE SELLE

MESURÉ ENTRE L'AXE DU BOÎTIER DE PÉDALIER ET LE CENTRE DE LA JONCTION AVEC LE TUBE SUPÉRIEUR

TUBE SUPÉRIEUR

MESURÉ ENTRE LE CENTRE DE LA JONCTION AVEC LE TUBE DE SELLE ET LE CENTRE DE LA JONCTION AVEC LE TUBE DE DIRECTION

STACK TO REACH

LE RATIO STACK TO REACH ANGLO-SAXON EST DE PLUS EN PLUS UTILISÉ POUR LA MESURE DES VÉLOS DE ROUTE.

FABRICATION D'UN CADRE CARBONE

PROCÉDÉ RTM (RESIN TRANSFER MOULDING)

01

LES FILS DE CARBONE
SONT TISSÉS EN CHAUSSETTES.

02 LES CHAUSSETTES SONT ENFILÉES
SUR DES FORMES DE CIRE.

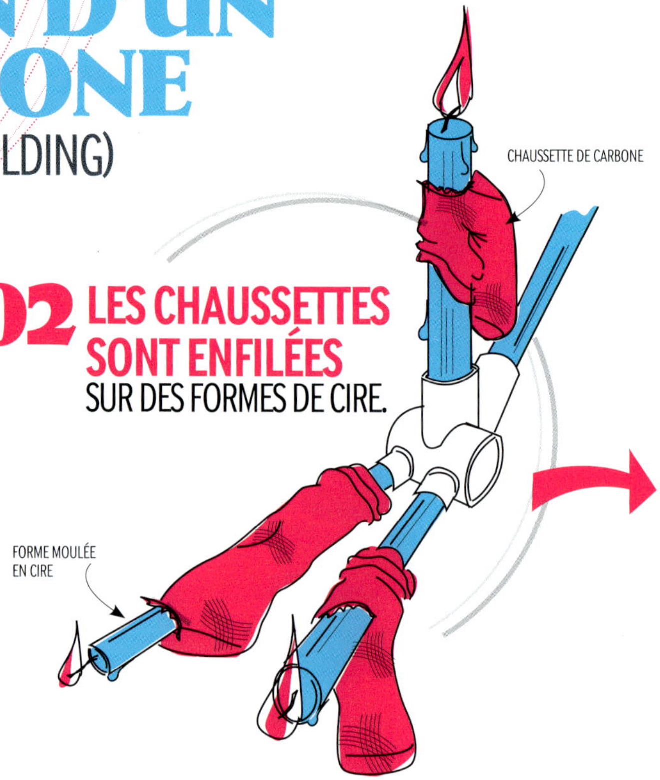

05 LES CADRES SONT PEINTS
AU PISTOLET.

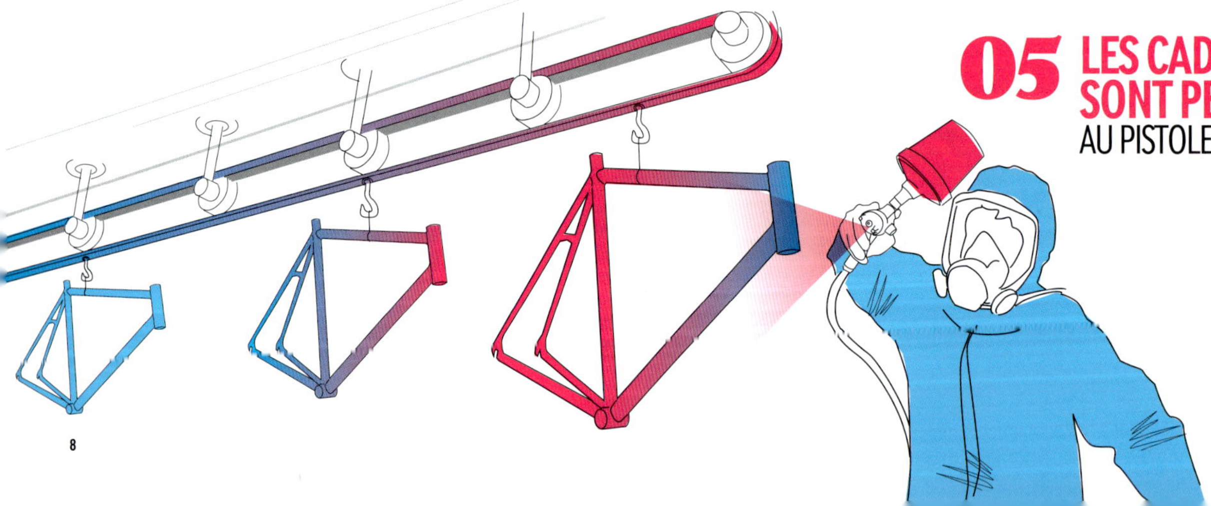

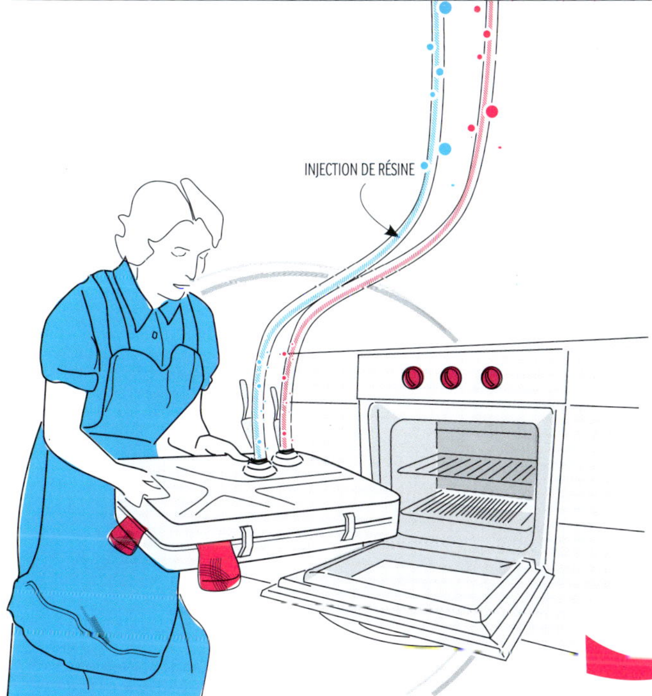

03 FORMES ET CHAUSSETTES

SONT PLACÉES DANS UN MOULE EN ALUMINIUM. LA RÉSINE EST INJECTÉE ET LE MOULE EST CHAUFFÉ.

04 RÉCUPÉRATION DE LA CIRE

PROCÉDÉ ULTRA-SECRET

06 SOLIDITÉ CONTRÔLÉE EN USINE

TESTS DE RÉSISTANCE

LA TRANSMISSION

CONTRÔLÉ PAR LA PALETTE DROITE

INVENTÉ PAR

TULIO CAMPAGNOLO

DÉRAILLEUR ARRIÈRE

IL GUIDE LA CHAÎNE SUR LES PIGNONS DE LA CASSETTE.

MOUVEMENT CONTRÔLÉ DE FAÇON

ÉLECTRONIQUE OU MÉCANIQUE

PUCE/MOTEUR ÉLECTRIQUE

CÂBLE RELIÉ À UN SÉLECTEUR

CASSETTE

ENSEMBLE DE PIGNONS EN

PLAGES STANDARD

11-23 DENTS

11-25 DENTS

12-28 DENTS

ACIER

Fe 26 55.845

\+

C 6 12.011

PALETTES

ELLES SONT LE PLUS SOUVENT INTÉGRÉES AUX LEVIERS DE FREIN.

LES PALETTES MÉCANIQUES INCLUENT UNE

ROUE À ROCHET

QUI ACTIONNE UN CÂBLE EN ACIER SELON DES INCRÉMENTS PRÉDÉFINIS.

VITESSES INDEXÉES

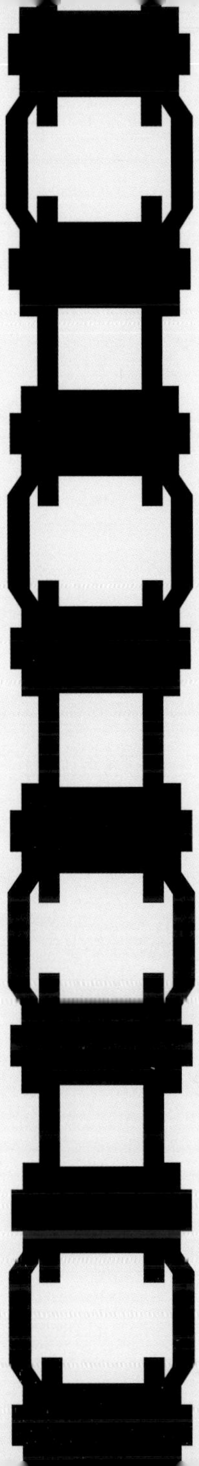

PÉDALIER

IL INCLUT DEUX PLATEAUX SUR UN VÉLO DE COURSE.

Al 13 26.982 — C 6 12.011

MANIVELLES EN ALUMINIUM OU EN FIBRE DE CARBONE.

LONGUEURS STANDARD DES MANIVELLES

170 mm — 172.5 mm — 175 mm — 180 mm

COMBIS STANDARD

CLASSIQUE 52/39 DENTS

COMPACTE 50/34 DENTS

PLATEAUX OVALES

CONÇUS POUR ÉLIMINER LES POINTS MORTS DU COUP DE PÉDALE.

CHAÎNE

ELLE TRANSMET À LA ROUE ARRIÈRE LA FORCE APPLIQUÉE AU PÉDALIER. ELLE SE COMPOSE DE MAILLONS, EUX-MÊMES FORMÉS DE :

- ROULEAUX
- AXES
- PLAQUES

DÉRAILLEUR AVANT

LA FOURCHETTE EN ACIER GUIDE LA CHAÎNE SUR L'UN OU L'AUTRE DES PLATEAUX.

MOUVEMENT CONTRÔLÉ DE FAÇON

ÉLECTRONIQUE — PUCE/MOTEUR ÉLECTRIQUE

OU

MÉCANIQUE — CÂBLE RELIÉ À UN SÉLECTEUR

CONTRÔLÉ PAR LA PALETTE GAUCHE

MOYEU ARRIÈRE CHRIS KING R45

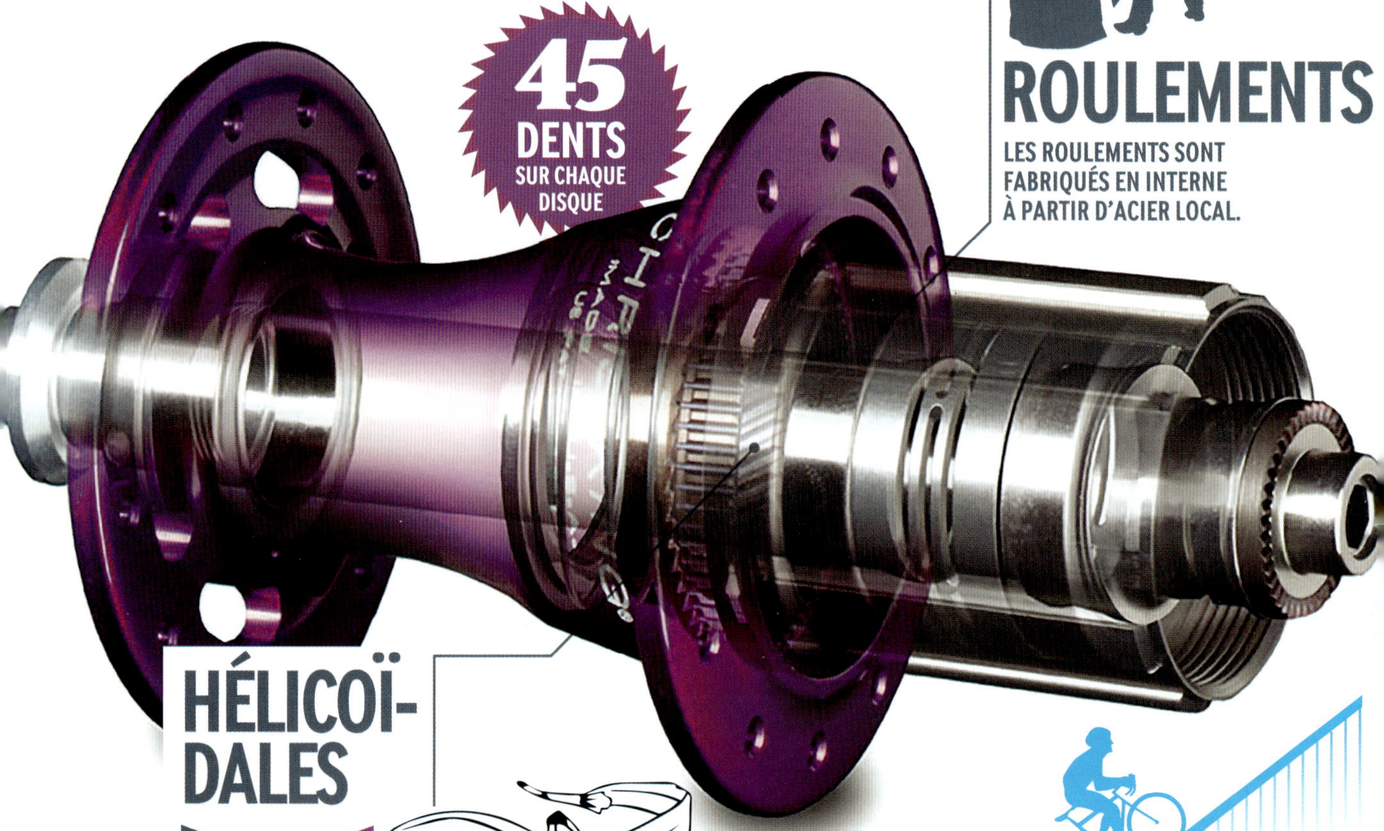

45 DENTS SUR CHAQUE DISQUE

ROULEMENTS

LES ROULEMENTS SONT FABRIQUÉS EN INTERNE À PARTIR D'ACIER LOCAL.

HÉLICOÏ-DALES

LES DENTURES HÉLICOÏDALES PLAQUENT LES DISQUES L'UN CONTRE L'AUTRE LORSQU'UNE FORCE EST APPLIQUÉE AU PÉDALIER.

RENDEMENT

MAXIMAL ET AUCUNE PERTE D'EFFICACITÉ MÊME LORSQUE LA FORCE APPLIQUÉE EST IMPORTANTE.

AVANTAGES

DU MÉCANISME DE MOYEU ARRIÈRE CHRIS KING

POIDS

MOYEU 11 VITESSES AVEC ROULEMENTS EN ACIER

COMMENT ÇA MARCHE

EN ROUE LIBRE, LE MOYEU PEUT TOURNER INDÉPENDAMMENT DE LA TRANSMISSION.

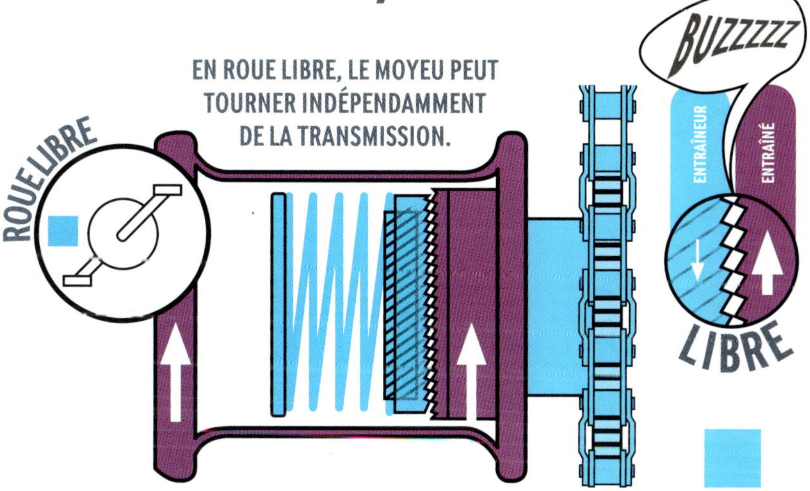

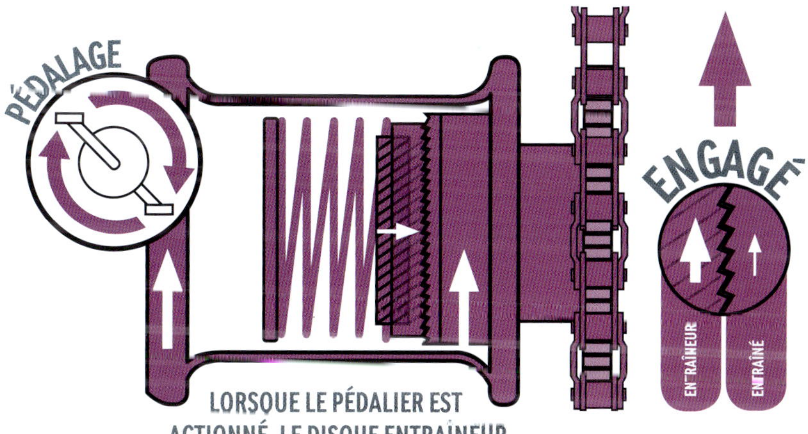

LORSQUE LE PÉDALIER EST ACTIONNÉ, LE DISQUE ENTRAÎNEUR EST PLAQUÉ CONTRE LE DISQUE ENTRAÎNÉ POUR TRANSMETTRE LA FORCE AU MOYEU.

TRANSMISSION PARAMÉTRABLE

GROUPE DI2 SHIMANO

À L'INTÉRIEUR DES DÉRAILLEURS ARRIÈRE ET AVANT

MOTEUR ET PUCE

CHANGEMENTS DE VITESSES COMMANDÉS PAR UN SERVOMOTEUR ÉLECTRIQUE.

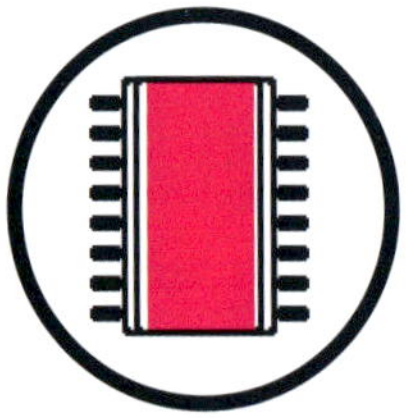

PARAMÈTRES STOCKÉS SUR UNE CARTE À MÉMOIRE LOGÉE À L'INTÉRIEUR DU DÉRAILLEUR.

LOGICIEL DE PARAMÉTRAGE

RÉGLAGES PERSONNALISÉS

LES PALETTES PEUVENT ÊTRE PROGRAMMÉES POUR CHANGER LES VITESSES UNIQUEMENT VERS LE HAUT OU VERS LE BAS !

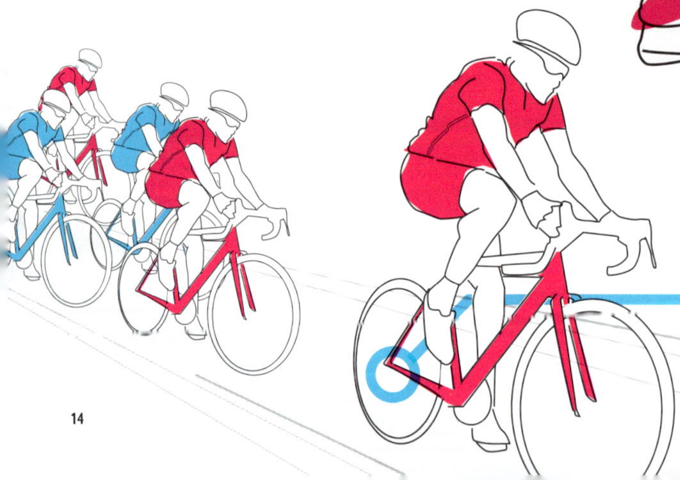

MULTI-VITESSES

JUSQU'À QUATRE

LE DÉRAILLEUR PEUT CHANGER JUSQU'À QUATRE VITESSES PAR UNE SEULE ACTION DE LA PALETTE.

CHARGEUR

LA BATTERIE PEUT ÊTRE RECHARGÉE PAR BRANCHEMENT À UNE PRISE MURALE.

DÉCLENCHEURS ÉLECTRONIQUES

INCORPORÉS AUX PALETTES

LORSQU'ILS SONT ACTIVÉS, LES VITESSES SONT CHANGÉES GRÂCE AUX SIGNAUX CONVOYÉS JUSQU'AU DÉRAILLEUR PAR LE CÂBLE E-TUBE.

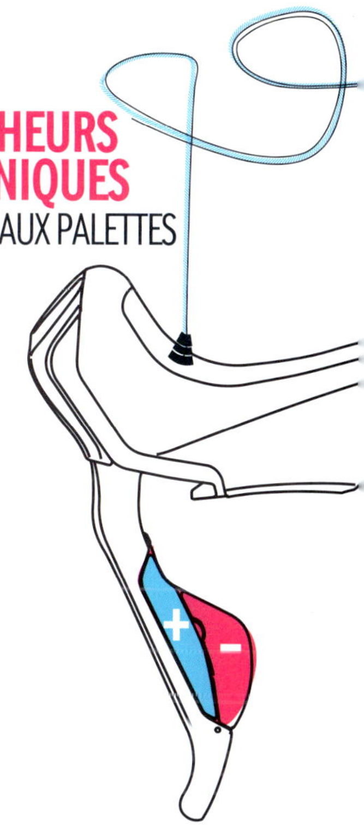

CÂBLE DE PROGRAMMATION

IL SE BRANCHE DANS LE RÉCEPTACLE E-TUBE SITUÉ SOUS LE CINTRE.

LE CÂBLE EST RELIÉ À UN ORDINATEUR PORTABLE SUR LEQUEL LE LOGICIEL PERMETTANT LE CONTRÔLE ET LE PARAMÉTRAGE DES CHANGEMENTS DE VITESSES A ÉTÉ INSTALLÉ.

VITESSE

AJUSTABLE

LA VITESSE D'ENCLENCHEMENT PEUT ÊTRE RÉGLÉE DE LENTE À TRÈS RAPIDE.

PÉDALES AUTOMATIQUES

DÉRIVÉES DES FIXATIONS DE SKI

1984

INVENTÉES ET COMMERCIALISÉES PAR LA MARQUE FRANÇAISE LOOK

1985

UTILISÉES POUR LA 1RE FOIS SUR LE TOUR DE FRANCE PAR BERNARD HINAULT

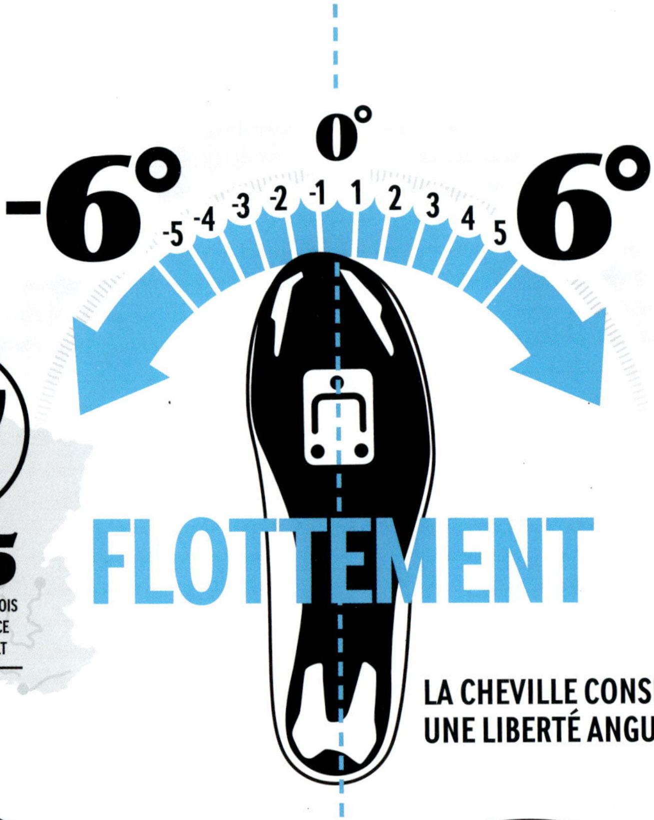

LA CHEVILLE CONSERVE UNE LIBERTÉ ANGULAIRE

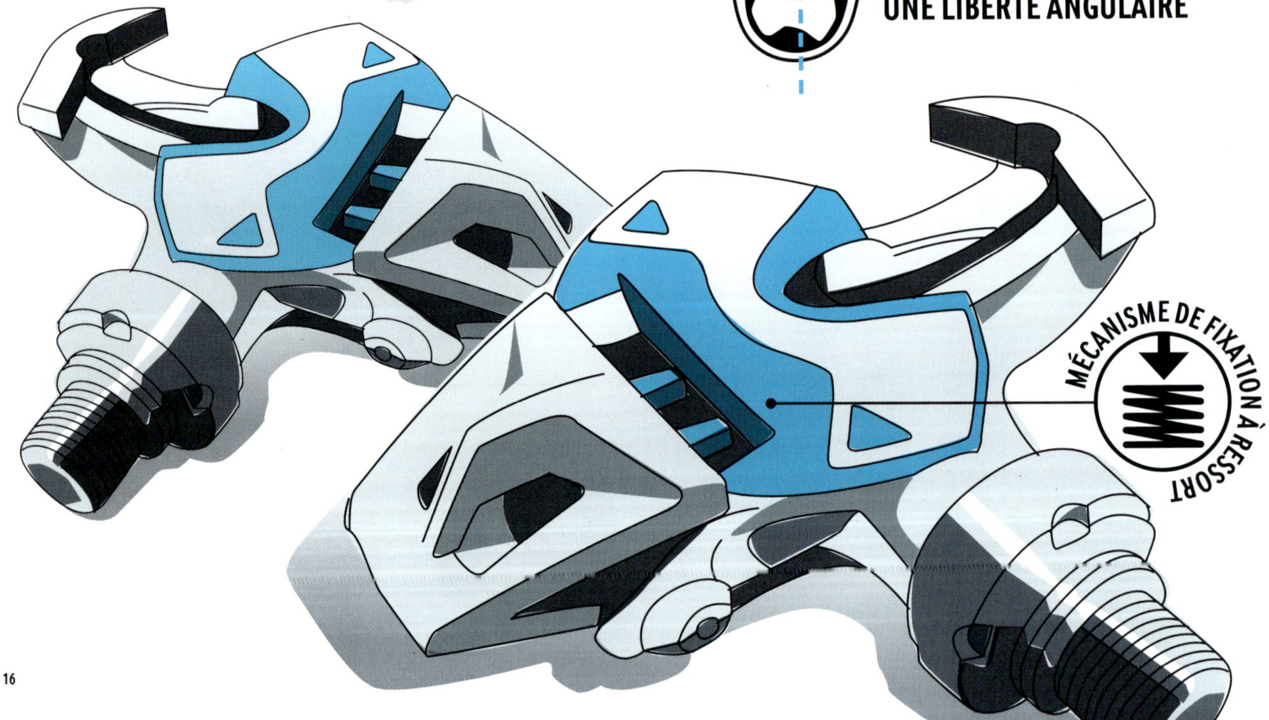

POIDS STANDARD

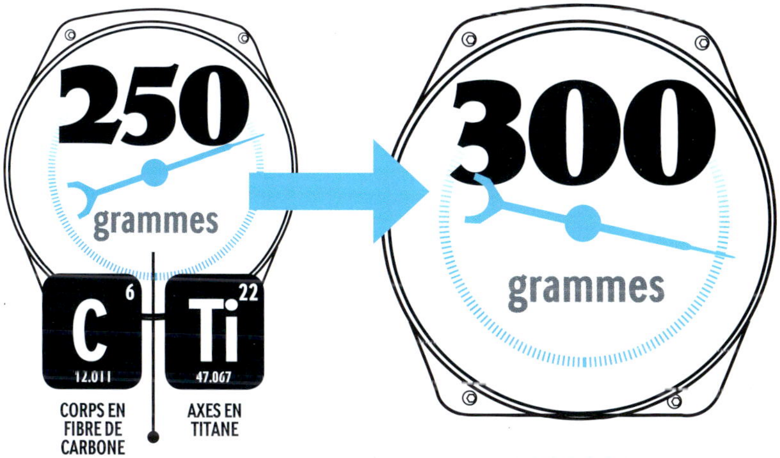

CONCEPT SPEEDWAY

LE MÉCANISME DE FIXATION EST FIXÉ SUR LA CHAUSSURE PLUTÔT QUE SUR LA PÉDALE.

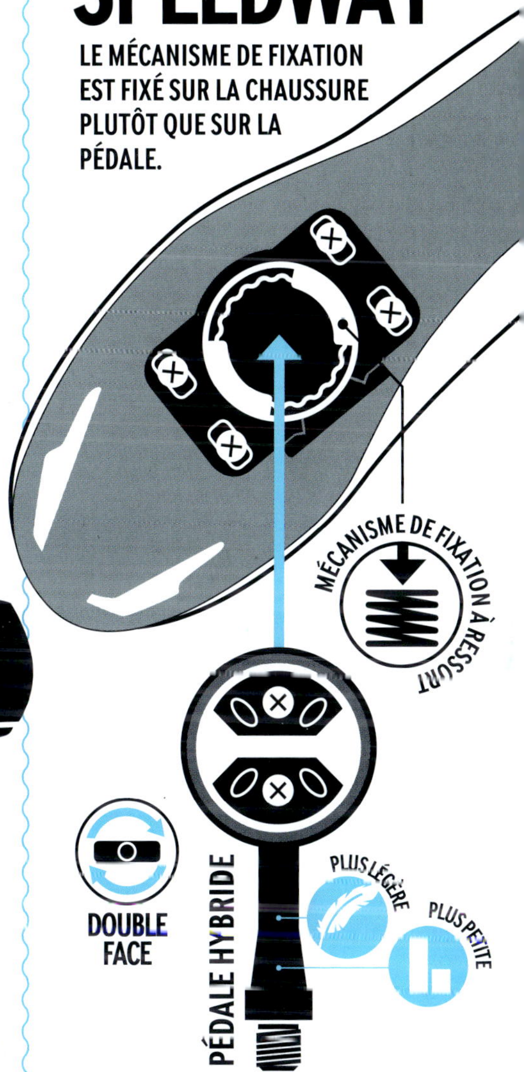

CONFIGURATION STANDARD

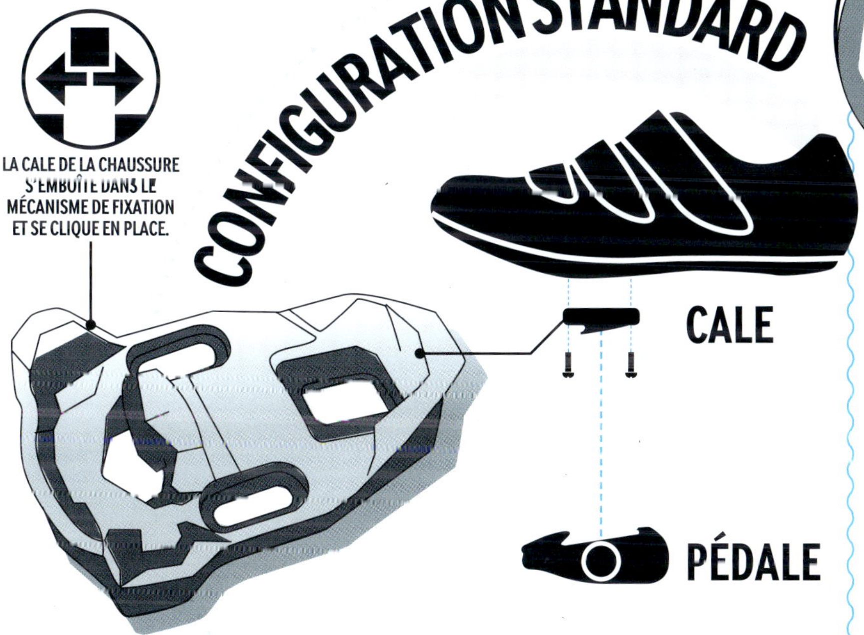

FREINS HYDRAULIQUES POUR VÉLO DE ROUTE

FREIN À DISQUE SHIMANO BR-R785

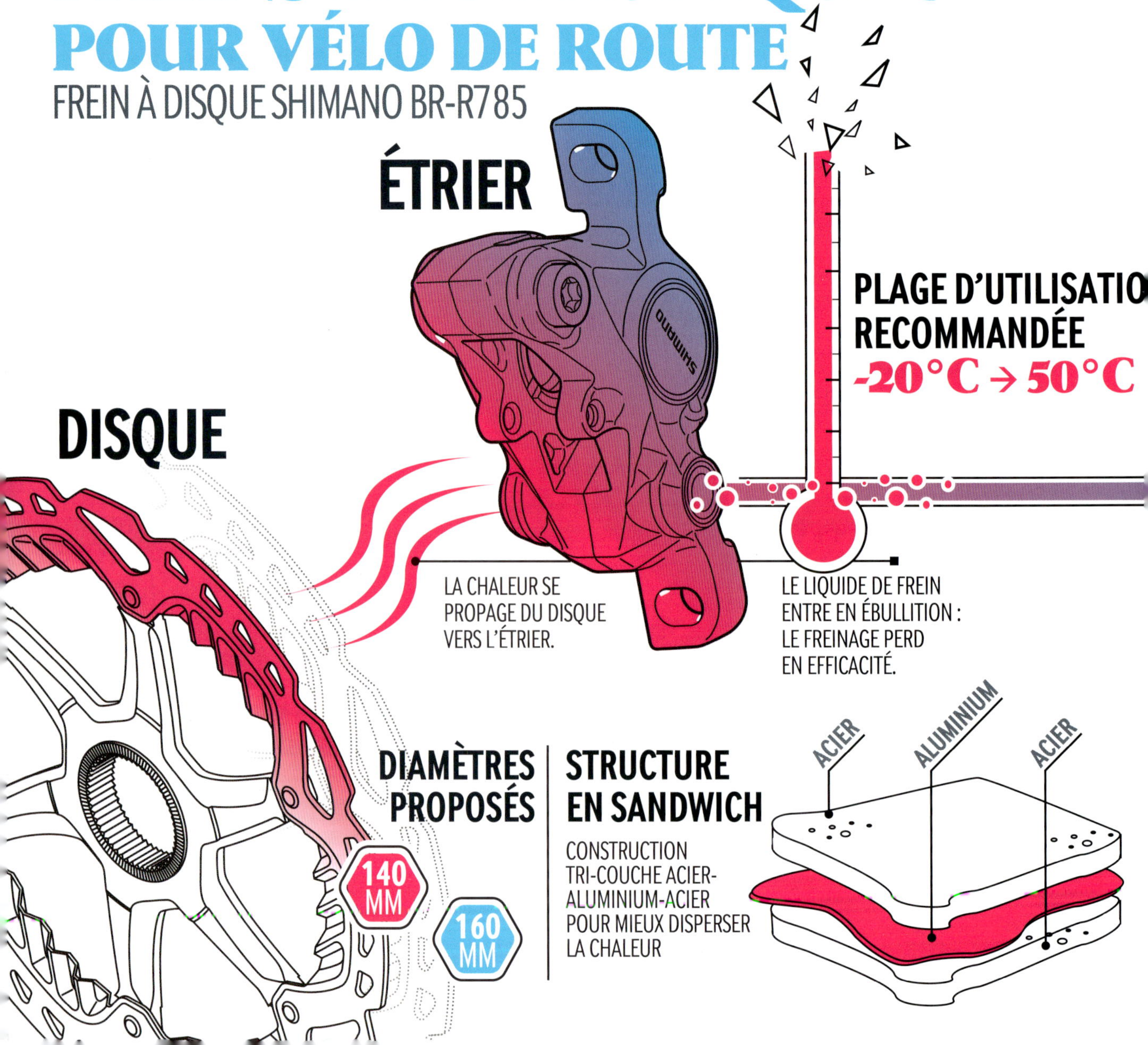

PLAGE D'UTILISATIO RECOMMANDÉE
-20°C → 50°C

LA CHALEUR SE PROPAGE DU DISQUE VERS L'ÉTRIER.

LE LIQUIDE DE FREIN ENTRE EN ÉBULLITION : LE FREINAGE PERD EN EFFICACITÉ.

DIAMÈTRES PROPOSÉS

140 MM
160 MM

STRUCTURE EN SANDWICH

CONSTRUCTION TRI-COUCHE ACIER-ALUMINIUM-ACIER POUR MIEUX DISPERSER LA CHALEUR

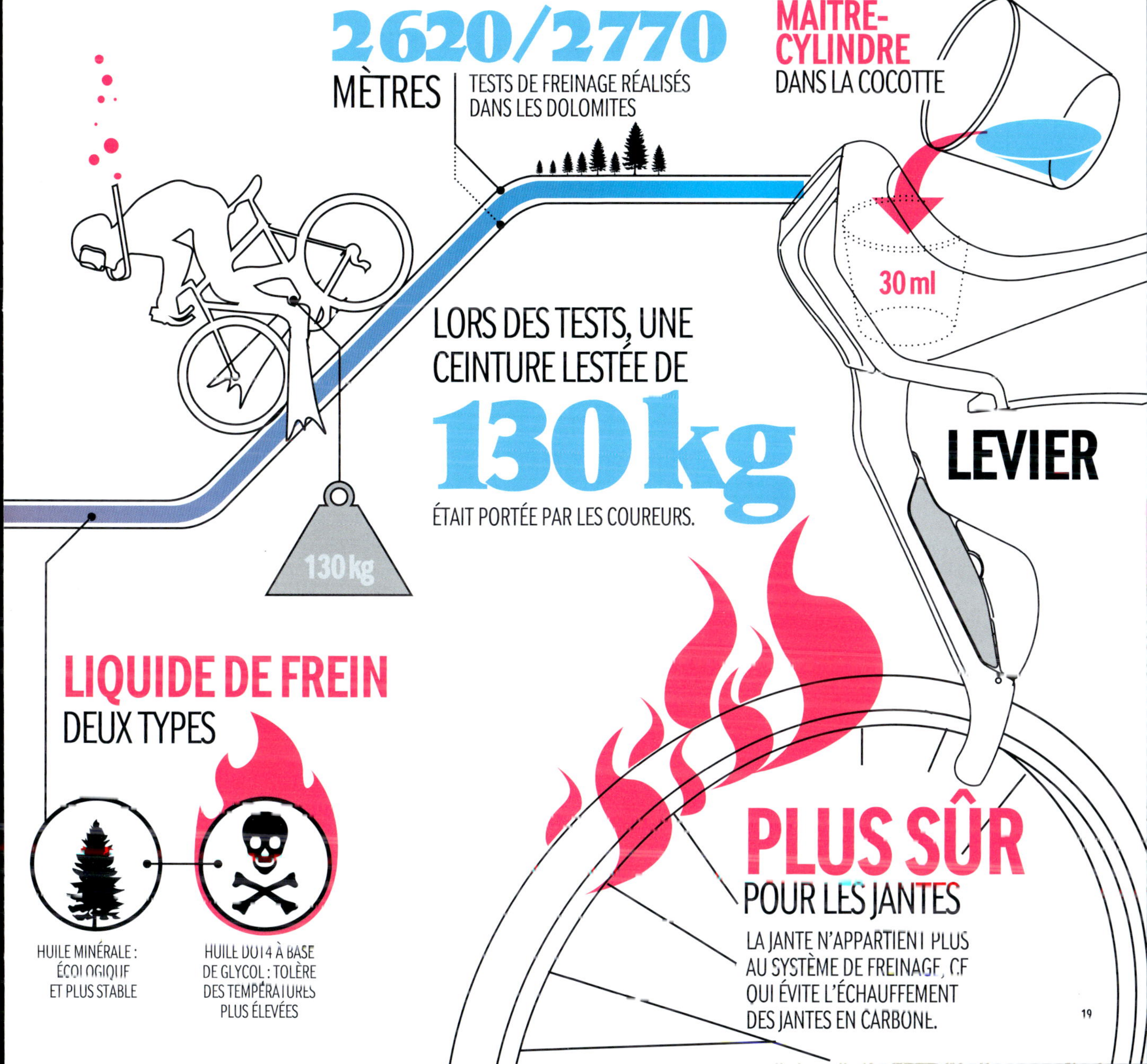
2620/2770
MÈTRES
TESTS DE FREINAGE RÉALISÉS DANS LES DOLOMITES
MAÎTRE-CYLINDRE
DANS LA COCOTTE
30 ml
LORS DES TESTS, UNE CEINTURE LESTÉE DE
130 kg
ÉTAIT PORTÉE PAR LES COUREURS.
130 kg
LEVIER
LIQUIDE DE FREIN
DEUX TYPES
HUILE MINÉRALE : ÉCOLOGIQUE ET PLUS STABLE
HUILE DOT4 À BASE DE GLYCOL : TOLÈRE DES TEMPÉRATURES PLUS ÉLEVÉES
PLUS SÛR
POUR LES JANTES
LA JANTE N'APPARTIENT PLUS AU SYSTÈME DE FREINAGE, CE QUI ÉVITE L'ÉCHAUFFEMENT DES JANTES EN CARBONE.

UNE MACHINE DE PRO À LA LOUPE

CERVELO S3 DE DAVID MILLAR

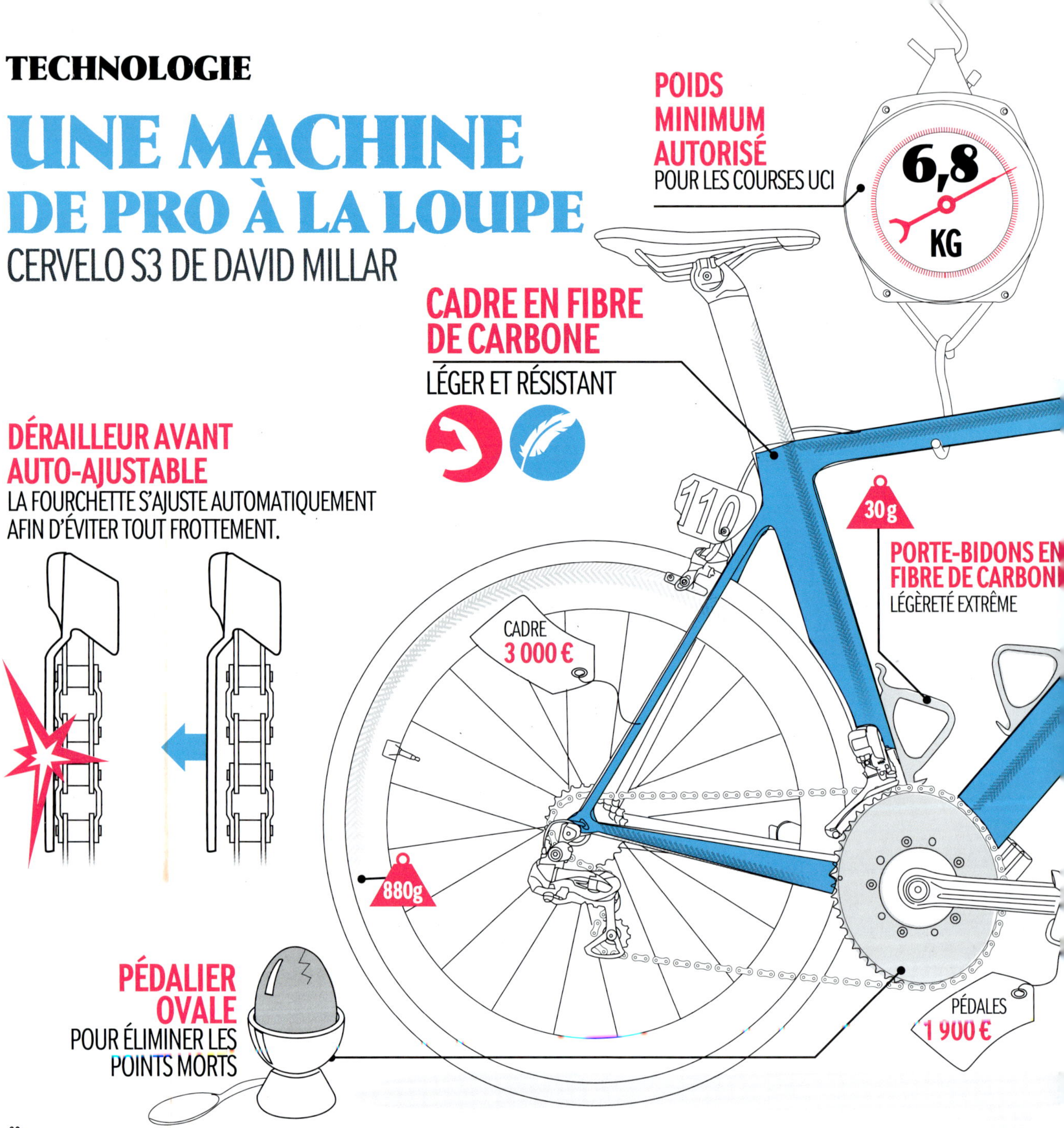

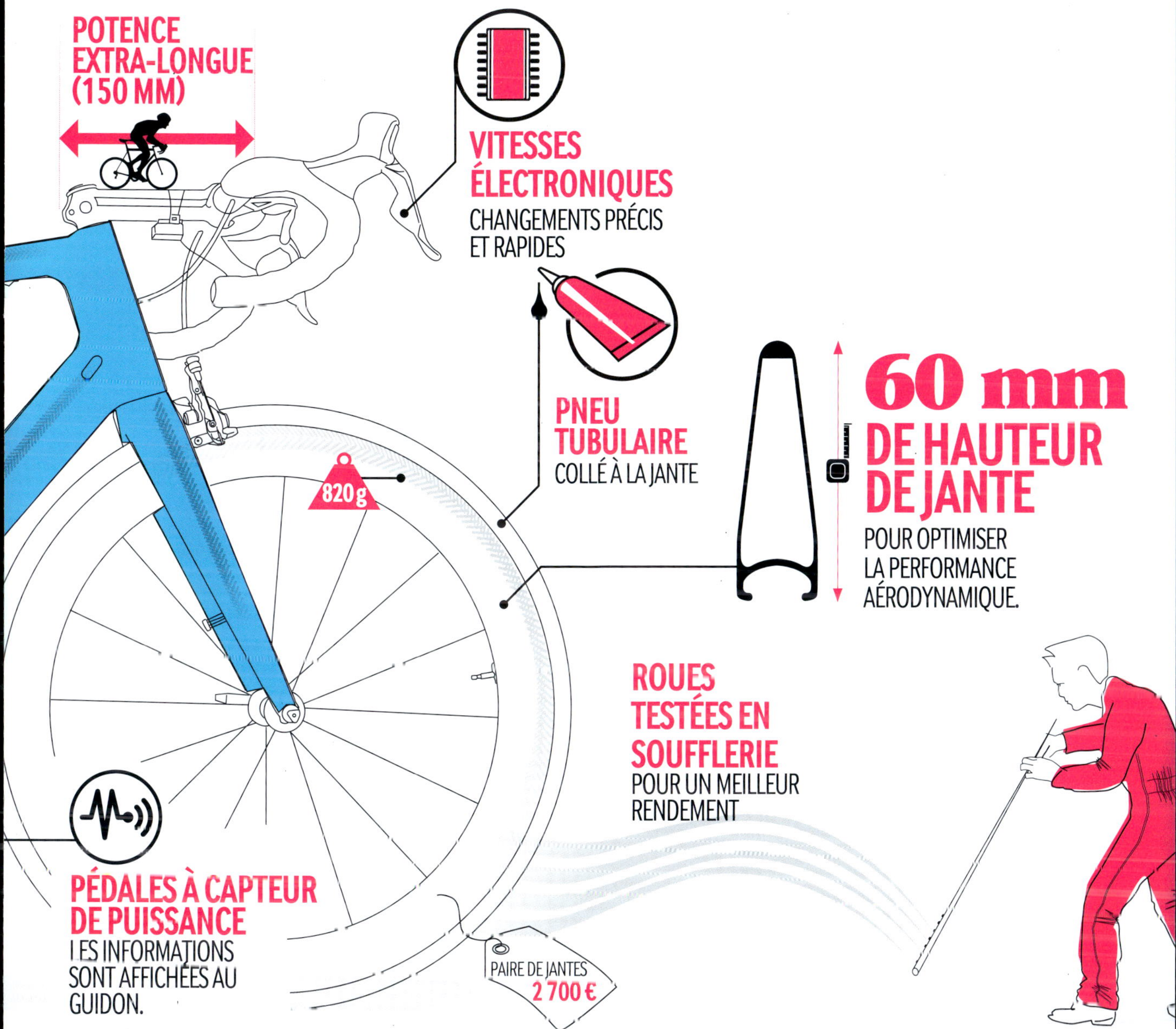
POTENCE EXTRA-LONGUE (150 MM)
VITESSES ÉLECTRONIQUES
CHANGEMENTS PRÉCIS ET RAPIDES
PNEU TUBULAIRE
COLLÉ À LA JANTE
820 g
60 mm
DE HAUTEUR DE JANTE
POUR OPTIMISER LA PERFORMANCE AÉRODYNAMIQUE.
ROUES TESTÉES EN SOUFFLERIE
POUR UN MEILLEUR RENDEMENT
PÉDALES À CAPTEUR DE PUISSANCE
LES INFORMATIONS SONT AFFICHÉES AU GUIDON.
PAIRE DE JANTES
2 700 €

UNE MACHINE DE PRO À LA LOUPE

PINARELLO BOLIDE DE BRADLEY WIGGINS

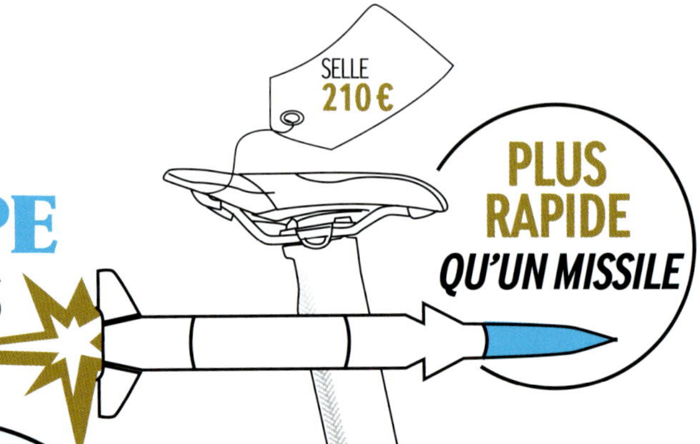

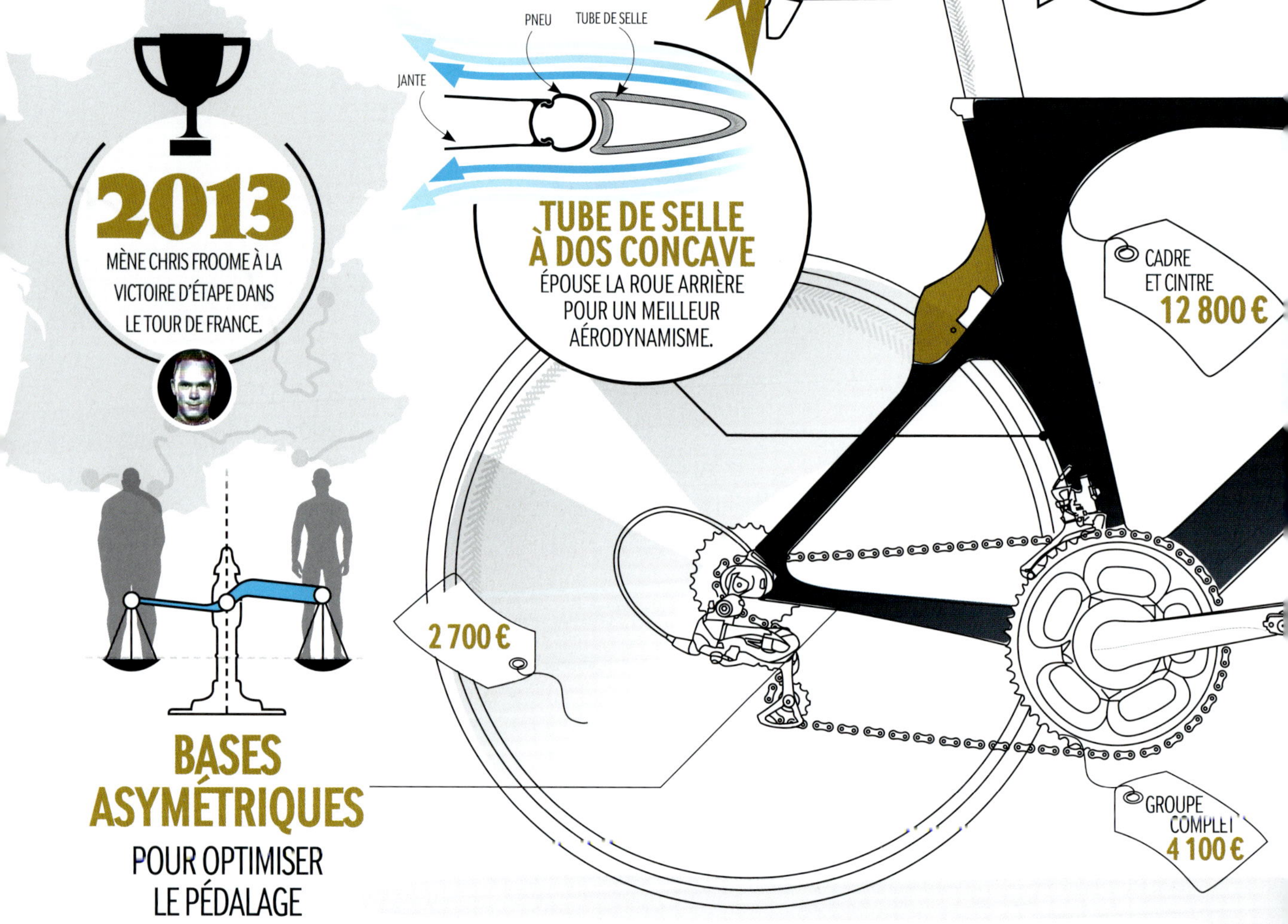

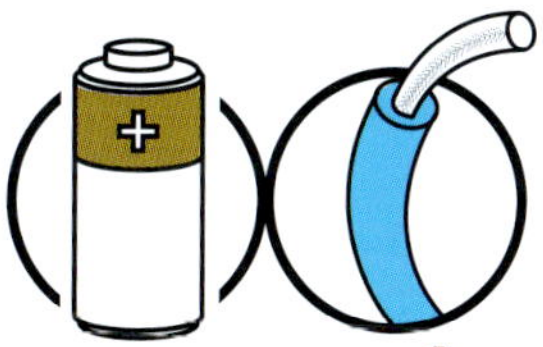

BATTERIES ET CÂBLES
À L'INTÉRIEUR DU CADRE

VITESSES ÉLECTRONIQUES
INTÉGRÉES AU CINTRE AFIN DE RÉDUIRE LES TURBULENCES

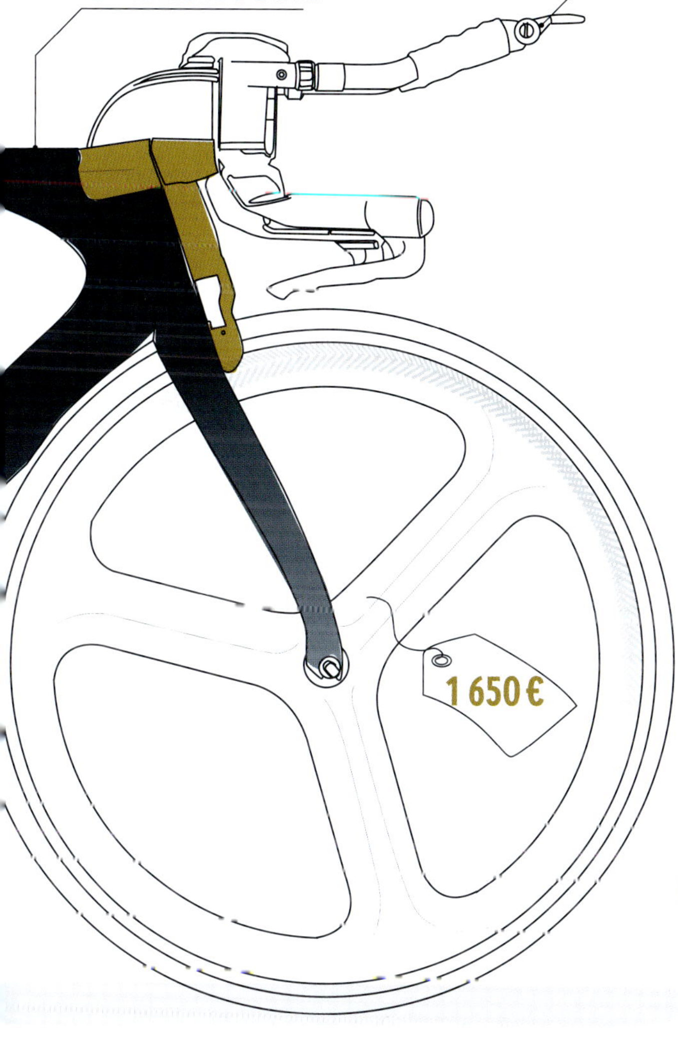

15% DE TRAÎNÉE EN MOINS

5% PLUS LÉGER

QUE SON PRÉDÉCESSEUR : LE GRAAL

WIGGINS UTILISA LE PINARELLO GRAAL POUR SES DEUX VICTOIRES EN CONTRE-LA-MONTRE LORS DU TOUR DE FRANCE 2012.

TUBES EN GOUTTE D'EAU
MEILLEURE PÉNÉTRATION DANS L'AIR PAR VENT DE FACE ET DE CÔTÉ

ANATOMIE D'UN VÉLO DE PISTE

PATTE ARRIÈRE
PARTIE DU CADRE SUPPORTANT L'AXE DE LA ROUE ARRIÈRE

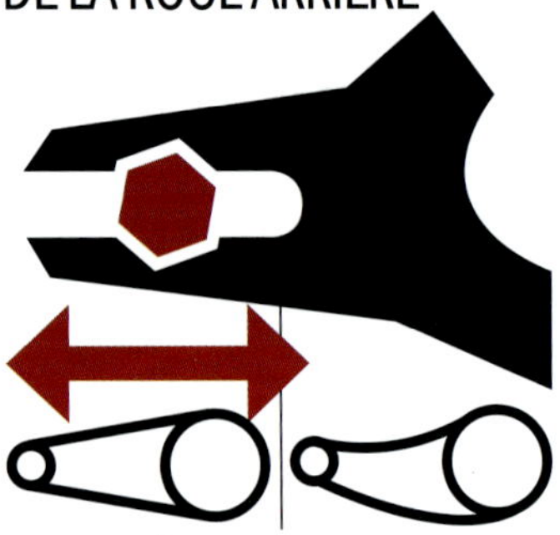

PATTE À COULISSE
POUR AJUSTER LA TENSION DE LA CHAÎNE

MATÉRIAUX DU CADRE

Fe (26 ; 55.845) / Al (13 ; 26.982) / C (6 ; 12.011)

ACIER — ALUMINIUM — CARBONE MONOCOQUE

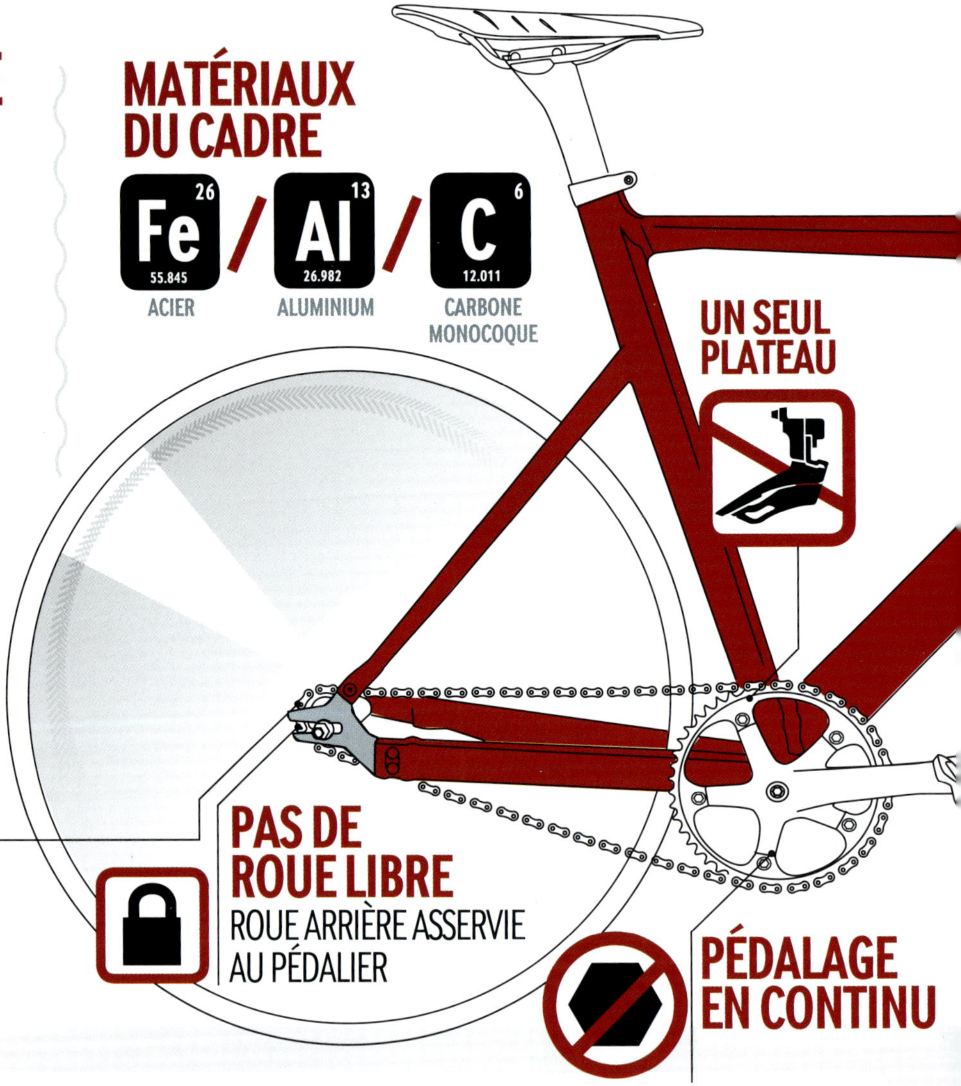

UN SEUL PLATEAU

PIGNON FIXE
UN SEUL PIGNON

PAS DE ROUE LIBRE
ROUE ARRIÈRE ASSERVIE AU PÉDALIER

PÉDALAGE EN CONTINU

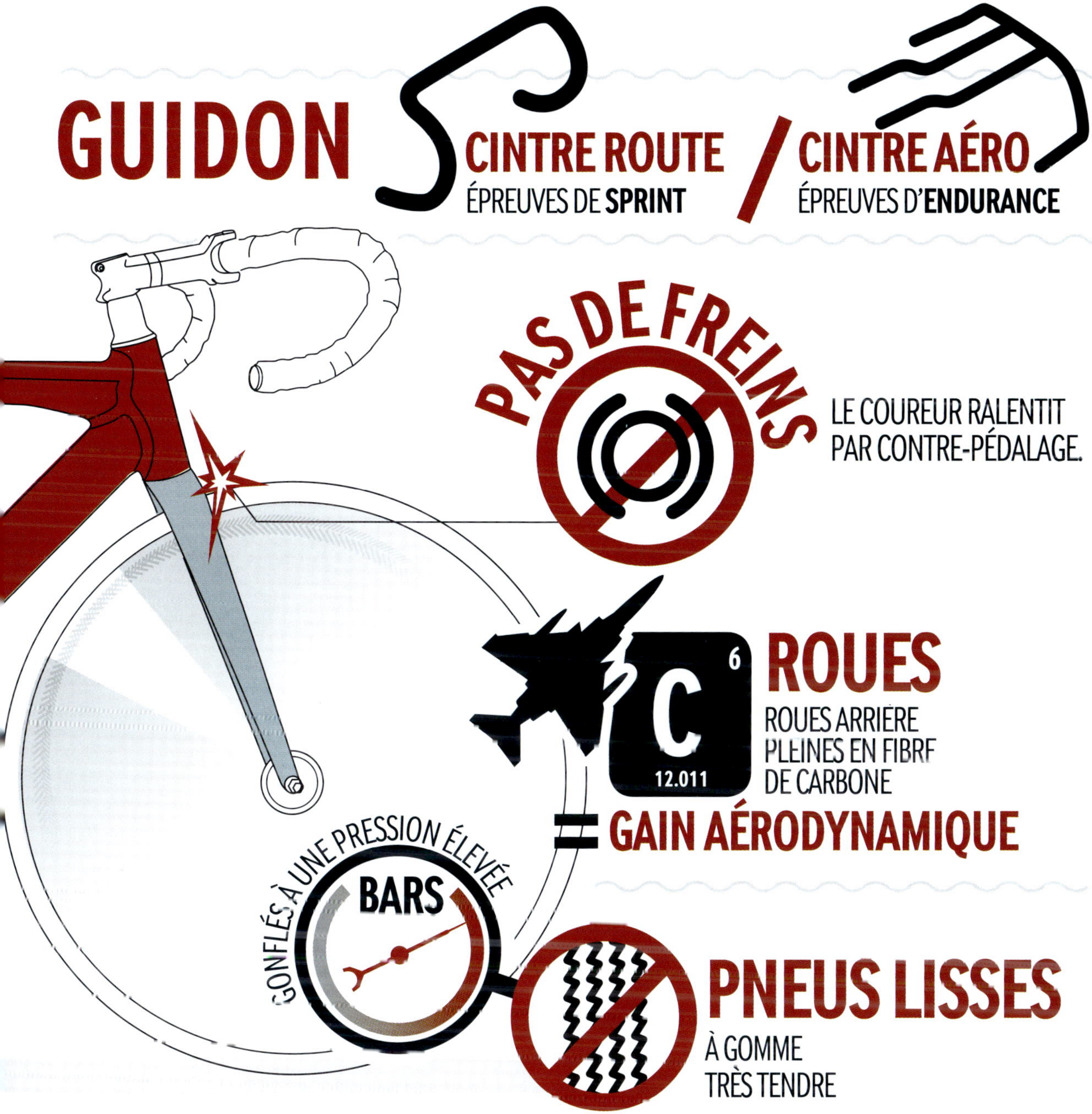
GUIDON
CINTRE ROUTE
ÉPREUVES DE SPRINT
CINTRE AÉRO
ÉPREUVES D'ENDURANCE
PAS DE FREINS
LE COUREUR RALENTIT PAR CONTRE-PÉDALAGE.
C
6
12.011
ROUES
ROUES ARRIÈRE PLEINES EN FIBRE DE CARBONE
= GAIN AÉRODYNAMIQUE
GONFLÉS À UNE PRESSION ÉLEVÉE
BARS
PNEUS LISSES
À GOMME TRÈS TENDRE

TECHNOLOGIE

LES TROIS ÉTAPES DU NETTOYAGE

1 PRÉPARER

GANTS — NETTOYANT — DÉGRAISSEUR

2 LAVER

BROSSE — SEAU — ÉPONGE

3 SÉCHER

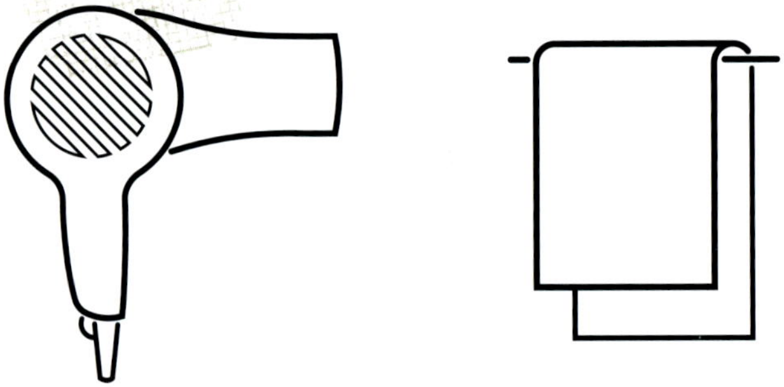

SÈCHE-CHEVEUX — SERVIETTE

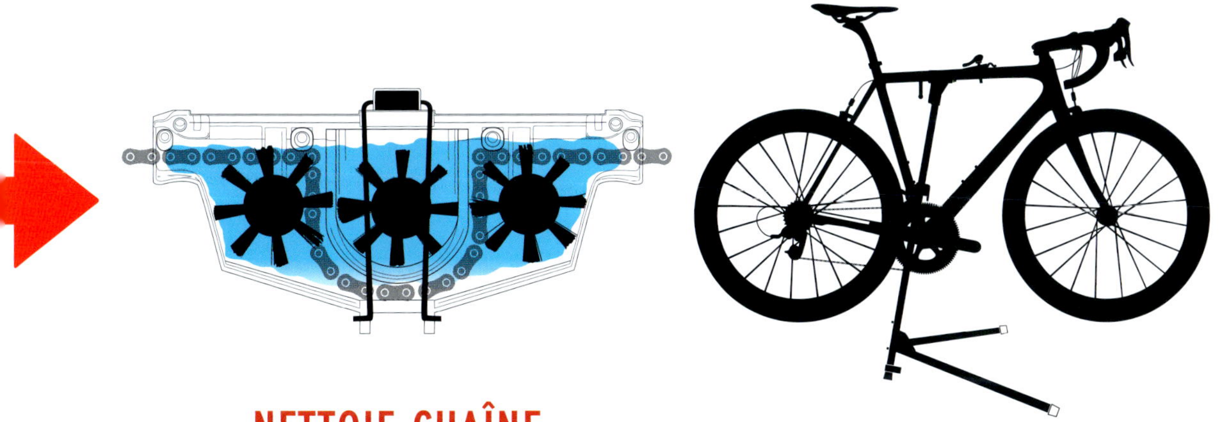

NETTOIE-CHAÎNE

PASSAGE AU JET

COMME NEUF !

GRANDS TOURS - LES MAILLOTS

À la fin de chaque étape, le maillot jaune est attribué au coureur affichant le meilleur temps au classement général. Le porteur du maillot jaune à l'issue de la dernière étape est déclaré vainqueur du Tour.

Le maillot vert est porté par le leader du classement par points, déterminé par les arrivées d'étapes et les sprints intermédiaires.

Le maillot blanc à pois rouges est porté par le meilleur grimpeur, couramment appelé « roi de la montagne ».

Le maillot blanc revient au coureur de moins de 25 ans le mieux placé au classement général.

Le dernier coureur au classement général porte le titre de « lanterne rouge », comme celle accrochée jadis à l'arrière des trains.

PLUS GRAND NOMBRE DE MAILLOTS JAUNES

EDDY MERCKX

BERNARD HINAULT

MIGUEL INDURAIN

JACQUES ANQUETIL

Le maillot rose est porté par le leader au général, les maillots rouge et bleu par ceux des classements par points et de la montagne, et le blanc par le meilleur coureur de moins de 25 ans.

Le maillot noir du dernier au classement fut attribué pour la dernière fois en 1952 à l'Italien Giovanni Pinarello. Il utilisa l'argent gagné pour fonder l'entreprise de cycles qui équipe aujourd'hui l'équipe Sky.

Le leader du général porte un maillot rouge, celui du classement par points un maillot vert. Le maillot du meilleur grimpeur est blanc à pois bleus. Le leader du combiné porte un maillot blanc.

LE MAILLOT JAUNE

Récompense la plus prestigieuse du cyclisme professionnel

Qui est ce coureur qui revient de derrière ?

Parce que...

ÇA RESSEMBLE À ROCHE!

Il va devoir puiser dans sa

MALLETTE À

GRAND TOURS - TOUR DE FRANCE 1986

24
VAINQUEURS D'ÉTAPE

BERNARD HINAULT X 2
GUIDO BONTEMPI X 2

23
ÉTAPES

+ un prologue contre la montre. Un seul jour de repos.

ÉQUIPE
LA VIE CLAIRE

Gregory LeMond

ÉTATS-UNIS . 28 ANS . 3^{E} TOUR DE FRANCE . 1ER VAINQUEUR AMÉRICAIN

1er

VS

Bernard Hinault

FRANCE . 31 ANS . 7^{E} TOUR DE FRANCE . VAINQUEUR EN 1978, 79, 81, 82 ET 85.

Quatre coureurs dans les dix premiers

TOUR D
FRANCE

1985

... Hinault avait remporté son 5e Tour avec l'aide de son équipier LeMond. Il promet de renvoyer l'ascenseur lors du Tour 1986. Mais...

73^{e}
ÉDITION DU TOUR DE FRANCE

4 093 km

DU 4 JUILLET AU 27 JUILLET

1986

TÉLÉVISÉ DANS **72** PAYS

SUIVI PAR **1 MILLIARD** DE TÉLÉSPECTATEURS

« Il m'a attaqué dès le début... Il ne m'a pas aidé une seule fois, et je n'ai aucune confiance en lui. »

LEMOND

1986
VAINQUEUR
GREG LEMOND
LA VIE CLAIRE

TEMPS FINAL
110 h
35 min
19 s

VITESSE MOYENNE
37 km/h

L'ARRIVÉE LÉGENDAIRE

LeMond et Hinault approchent de la ligne d'arrivée main dans la main à l'Alpe d'Huez. LeMond offre l'étape à Hinault.

26
ÉTAPES

Stephen Roche VS Pedro Delgado

Stephen Roche
IRLANDE . 27 ANS. ÉQUIPE CARRERA

Pedro Delgado
ESPAGNE . 27 ANS . ÉQUIPE PDM

74e ÉDITION

1ER JUILLET >>>> 26 JUILLET

1987

207
COUREURS

23
ÉQUIPES

HUIT COUREURS EN JAUNE
Le Polonais Lech Piasecki est le premier coureur de l'Est leader du Tour.

23
VAINQUEURS D'ÉTAPE
JEAN PAUL VAN POPPEL X 2
JEAN-FRANÇOIS BERNARD X 2
RÉGIS CLÈRE X 2

SOUS OXYGÈNE
Roche va au-delà de ses limites pour sauver son Tour à La Plagne.

GREG LEMOND
Le vainqueur 1986 est absent. Il a été blessé lors d'une partie de chasse.

15e ÉTAPE

Roche lâché dans l'Alpe d'Huez. Delgado prend le maillot jaune.

18e ÉTAPE

Jean-François Bernard remporte le terrible contre-la-montre du mont Ventoux.

19e ÉTAPE

Stephen Roche et Charly Mottet ont prévu d'attaquer Bernard au ravitaillement. Ils ont fait des provisions et passent sans ralentir.

21e ÉTAPE

LE BOURG D'OISANS-LA PLAGNE

Roche, Mottet et Pedro Delgado attaquent dans la descente du Galibier pour distancer les coureurs colombiens.

Les équipiers de Delgado sont lâchés et Roche attaque dans le col de la Madeleine.

Delgado retrouve ses équipiers et rejoint Roche dans la montée finale vers La Plagne.

Delgado poursuit son effort et compte bientôt une minute trente d'avance sur son rival irlandais.

Dans les derniers kilomètres, Delgado se relâche, persuadé que Roche a explosé.

Roche se reprend et manque de rejoindre Delgado sur la ligne, donnant lieu à ce commentaire télé légendaire :

« Qui est ce coureur qui revient de derrière ? Parce que ça ressemble à Roche ! »

Phil Liggett

22e ÉTAPE

LA PLAGNE-MORZINE
DERNIÈRE ÉTAPE DE MONTAGNE

39 s entre Roche et Delgado

2 attaques de Delgado

Roche réplique

Roche attaque

Delgado est incapable de répondre.

Roche termine l'étape **21 s** derrière Delgado au général avant le dernier contre-la-montre.

1987

Roche devient le deuxième coureur de l'histoire (après Eddy Merckx) a remporter la même année le Giro, le Tour de France et les Championnats du Monde.

24e ÉTAPE

CONTRE-LA-MONTRE INDIVIDUEL - DIJON

Roche termine troisième, près d'une minute devant Delgado.

25e ÉTAPE

PARIS

Roche devient le premier coureur irlandais à remporter le Tour de France.

GRANDS TOURS
TOUR DE FRANCE 2012
Bradley Wiggins

NÉ LE :
28/04/1980
TAILLE
1,90 m
POIDS
69 kg

« Les gamins de Kilburn ne sont pas supposés gagner le Tour ! »
Wiggins

2013
DÉCEMBRE : ANOBLI PAR LA REINE D'ANGLETERRE

2013
SEPTEMBRE : REMPORTE LE TOUR DE GRANDE-BRETAGNE

2012
NOMMÉ PERSONNALITÉ SPORTIVE DE L'ANNÉE PAR LA BBC

2012
MÉDAILLÉ D'OR OLYMPIQUE DU CONTRE-LA-MONTRE À LONDRES

2012
REMPORTE LE TOUR DE FRANCE

Ses rivaux

Cadel Evans
VAINQUEUR DU TOUR DE FRANCE 2011

Vincenzo Nibali
VAINQUEUR DU TOUR D'ESPAGNE 2010

11e

FROOME

ALBERTVILLE-LA TOUSSUIRE
FROOME ATTAQUE ALORS QU'IL EST ÉQUIPIER.

DORMIR HAUT ▲

S'ENTRAÎNER BAS ▼

CAMPS D'ALTITUDE

TERRAIN D'ENTRAÎNEMENT
en mars-avril-mai-juin

Pico del Teide
(Volcan des îles Canaries)

SORTIES D'ENTRAÎNEMENT DE
6 h

100 000
mètres d'ascension

20
ÉTAPES
PLUS LE PROLOGUE
(21 AU TOTAL)

Deux victoires d'étape pour Wiggins

9e
1er
9e ÉTAPE
CONTRE-LA-MONTRE INDIVIDUEL
41,5 km
ARC-ET-SENANS-BESANÇON

19e
1er
19e ÉTAPE
CONTRE-LA-MONTRE INDIVIDUEL
53,5km
BONNEVAL-CHARTRES

VITESSE MOYENNE
39,9 km/h

DISTANCE TOTALE
3 496,9 km

TEMPS DU VAINQUEUR
87 h 34 m 47 s

GRANDS TOURS
TOUR DE FRANCE 2013
Chris Froome

Les victoires d'étape de Froome lors du Tour 2013

NÉ LE : 20/05/1985
TAILLE : 1,86 m
POIDS : 69 kg
À : NAIROBI, KENYA
PREMIERS TERRAINS D'ENTRAÎNEMENT : HAUTS PLATEAUX AU NORD DE NAIROBI

À SES DÉBUTS : COURT POUR LE KENYA, Y COMPRIS LORS DES CHAMPIONNATS DU MONDE 2008
ACTUELLEMENT : COURT SOUS LICENCE BRITANNIQUE DEPUIS 2008

« Son VO2 max est proche des limites des connaissances physiologiques. »
Frédéric Grappe, physiologiste du sport. *L'Équipe*, juillet 2013

TEMPS DU VAINQUEUR

86 h 56 min 40 s

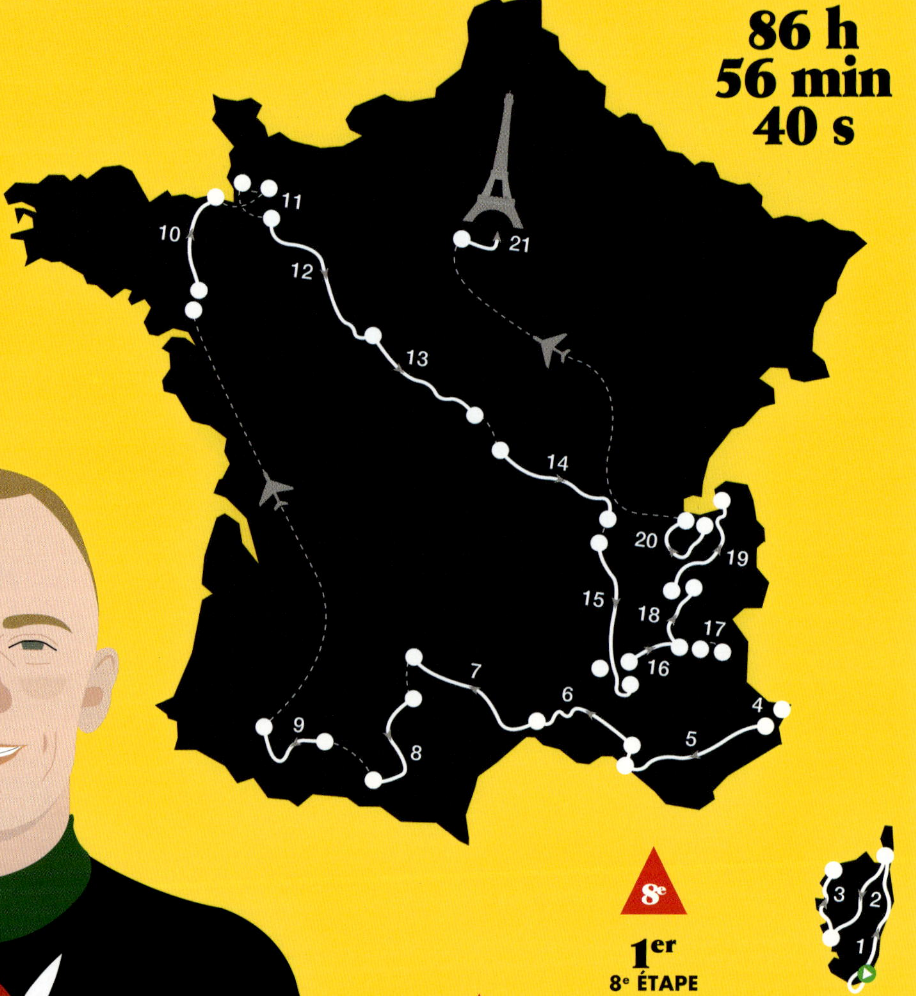

8e
1er
8e ÉTAPE
ÉTAPE DE MONTAGNE
195 km
CASTRES-AX 3 DOMAINES

15e
1er
15e ÉTAPE
ÉTAPE DE MONTAGNE
242,5 km
GIVORS-MONT VENTOUX

17e
1er
17e ÉTAPE
CONTRE-LA-MONTRE
32 km
EMBRUN-CHORGES

MICHELLE COUND

Petite amie et ardente supportrice de Froome sur Twitter

« Si vous cherchez un chien fidèle, prenez un Froome ! »

Tweet de Cound lorsque Froome est forcé d'attendre Wiggins dans la montée de La Toussuire durant le Tour 2012.

PRINCIPALES VICTOIRES

2013
Tour de France
Criterium du Dauphiné
Criterium International
Tour de Romandie

2014
Tour de Romandie
Tour d'Oman

« C'est un pays magnifique, qui accueille le plus grand événement sportif annuel mondial. Gagner la 100e édition est un immense honneur, et ce maillot jaune me restera longtemps. »

DÉCLARATION DU VAINQUEUR SUR LE PODIUM DU TOUR, PARIS, 2013

MOMENT LE PLUS EMBARRASSANT DE SA CARRIÈRE

Collision avec un officiel au premier virage du contre-la-montre des Championnats du monde espoirs 2006.

VITESSE MOYENNE

40,5 km/h

DISTANCE TOTALE : 3 404 km

GRANDS TOURS - TOUR DE FRANCE 2014

Vincenzo Nibali, dit « le requin »

NÉ LE : **14/11/1984**
À : **Messine, Sicile**
TAILLE : **1,81 m**
POIDS : **65 kg**

« La plus haute marche sur le podium des Champs Élysées… C'est encore plus beau que ce que j'avais imaginé. »
Nibali

Ses rivaux

Chris Froome
ABANDONNE APRÈS DEUX CHUTES DANS LA 5e ÉTAPE.

Alberto Contador
ABANDONNE SUR CHUTE DURANT LA 10e ÉTAPE.

VICTOIRES

2013
TOUR D'ITALIE (GÉNÉRAL ET DEUX VICTOIRES D'ÉTAPE)

2013
TOUR DU TRENTIN

2013
TOUR D'ESPAGNE

VITESSE MOYENNE
40,7 km/h

Mark Cavendish
ABANDONNE APRÈS UNE CHUTE DANS LE SPRINT DE LA 1re ÉTAPE.

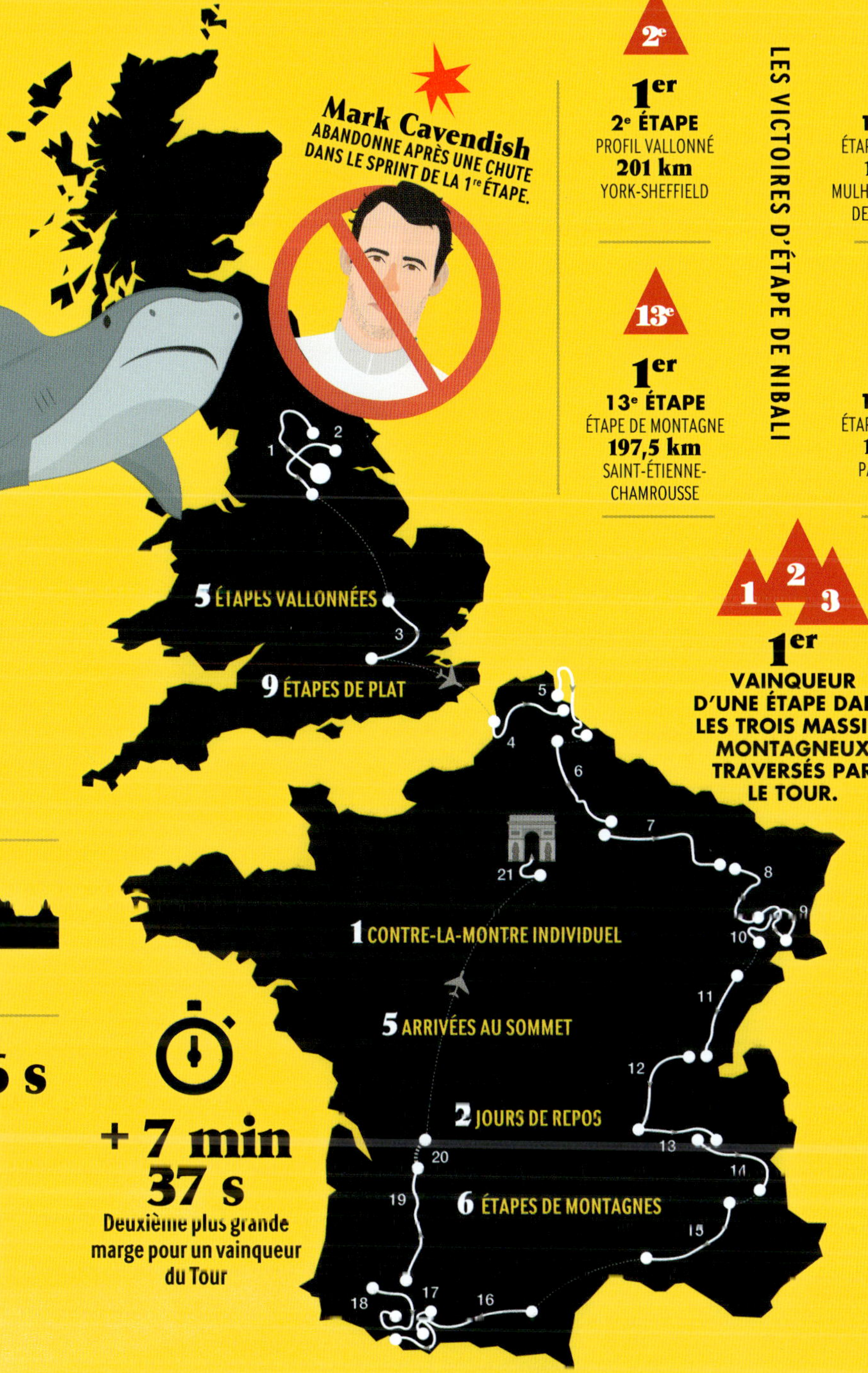

LES VICTOIRES D'ÉTAPE DE NIBALI

2e
1er
2e ÉTAPE
PROFIL VALLONNÉ
201 km
YORK-SHEFFIELD

10e
1er
10e ÉTAPE
ÉTAPE DE MONTAGNE
161,5 km
MULHOUSE-LA PLANCHE DES BELLES FILLES

13e
1er
13e ÉTAPE
ÉTAPE DE MONTAGNE
197,5 km
SAINT-ÉTIENNE-CHAMROUSSE

18e
1er
18e ÉTAPE
ÉTAPE DE MONTAGNE
145,5 km
PAU-HAUTACAM

1 2 3
1er
VAINQUEUR D'UNE ÉTAPE DANS LES TROIS MASSIFS MONTAGNEUX TRAVERSÉS PAR LE TOUR.

20
ÉTAPES
PLUS LE PROLOGUE
(21 AU TOTAL)

DISTANCE TOTALE
3 664 km

TEMPS DU VAINQUEUR
89 h 59 m 6 s

6e HOMME
À GAGNER LES 3 GRANDS TOURS

18 DES 21 JOURS
DE COURSE AVEC LE MAILLOT JAUNE

+ 7 min 37 s
Deuxième plus grande marge pour un vainqueur du Tour

CLASSIQUES
TOUR DE LOMBARDIE

LA CLASSIQUE DES FEUILLES MORTES

SIX VICTOIRES
FAUSTO COPPI
1946 • 1947 • 1948 • 1949 • 1954 • 1967

PROFIL

2

DIFFICULTÉS
MADONNA DEL GHISALLO

DÉNIVELÉ **471 m**

5,5% MOYEN | 14% MAXIMAL
POURCENTAGE

LONGUEUR **8,5 km**

3

DIFFICULTÉS
SALITA DI ELLO (VILLA VERGANO)

DÉNIVELÉ **224 m**

5,7% MOYEN | 20% MAXIMAL
POURCENTAGE

LONGUEUR **3,9 km**

MURO DI SORMANO - LE MUR DE SORMANO

DÉNIVELÉ **304 m**

15,8% MOYEN | 27% MAXIMAL
POURCENTAGE

LONGUEUR **1,9 km**

1

PREMIÈRE ÉDITION EN
1905

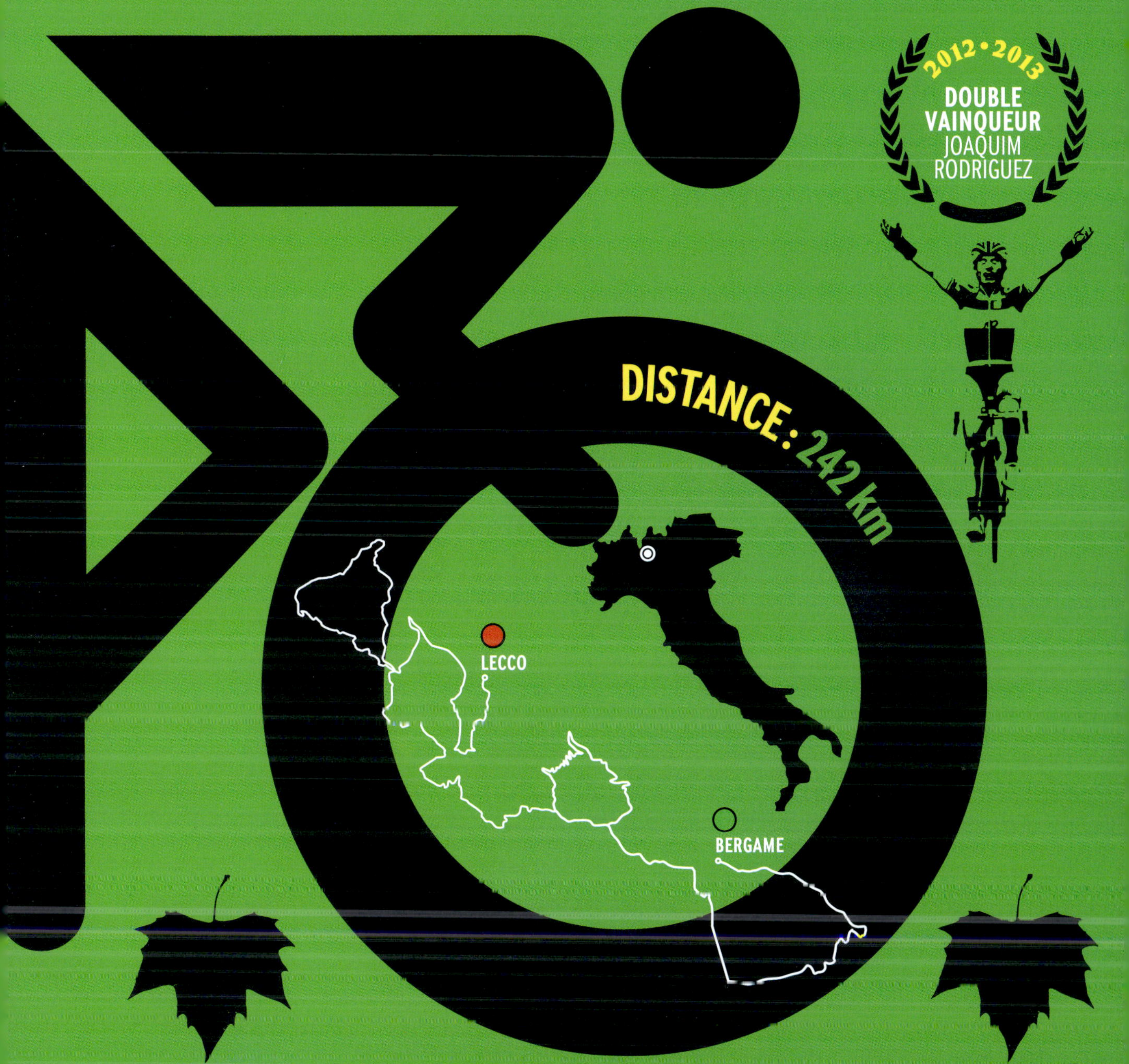
2012 • 2013
DOUBLE VAINQUEUR
JOAQUIM RODRIGUEZ
DISTANCE : 242 km
LECCO
BERGAME

CLASSIQUES
TOUR DES FLANDRES

De Ronde van Vlaanderen

COURSE D'UN JOUR DISPUTÉE AU PRINTEMPS

Une des cinq grandes classiques du calendrier

1913
PREMIÈRE ÉDITION

98
ÉDITIONS DISPUTÉES (2014)

259
DISTANCE EN KM (2014)

« **HELLINGEN** »
LES CÔTES DU TOUR DES FLANDRES

11,6 %

KOPPENBERG
LONGUEUR : 600 m

LE PARCOURS

DE 1998 À 2011 : DE BRUGES À MEERBEKE • DEPUIS 2012 : DE BRUGES À AUDENARDE

ROIS DES FLANDRES

68 vainqueurs belges en 98 éditions

ACHIEL BUYSSE
1940+1941+1943

JOHAN MUSEEUW
(« Le lion des Flandres »)
1993+1995+1998

TOM BOONEN
«LA TORNADE»
2005+2006+2012

MILAN SAN REMO
LA PRIMAVERA
« LA CLASSIQUE DU PRINTEMPS »

1re 1907

105 ÉDITIONS

299 km

DISTANCE

LA PLUS LONGUE DES CLASSIQUES

45,806 km/h
Moyenne record de Gianni Bugno en 1990

L'Italie compte **50** victoires

1
Difficultés
Passo del Turchino
Col du Turchino

2
CIPRESSA

4,1% MOYEN | 9% MAXIMAL
POURCENTAGE

DÉNIVELÉ 239 m

LONGUEUR 5,6 km

abc
I TRE CAPI « LES TROIS MONTS »

CAPO MELE
CAPO CERVO
CAPO BERTA

Atteints après
242 km
Trois ascensions en 14 km

3
POGGIO DI SAN REMO « IL POGGIO »

3,7% MOYEN | 8% MAXIMAL
POURCENTAGE

DÉNIVELÉ 160 m

LONGUEUR 3,7 km

Victoires

Premier vainqueur
LUCIEN PETIT-BRETON
1907

Autres Français
LAURENT FIGNON
1988-1989
LAURENT JALABERT
1995

Sept victoires
EDDY MERCKX
1966 1967
1969 1971
1972 1975
1976

Édition 2014
ALEXANDER KRISTOFF

M I L A N O

S A N R E M O

CLASSIQUES
LIÈGE-BASTOGNE-LIÈGE

Course d'un jour. Une des cinq classiques majeures de l'année.

1980
LE BLIZZARD

BERNARD HINAULT

PERD L'USAGE DE DEUX DOIGTS DE LA MAIN DROITE PENDANT TROIS SEMAINES.

DIFFICULTÉS

12,5 %
CÔTE DE STOCKEU
ATTEINTE APRÈS 178,5 KM
LONGUEUR : 1 KM

8,9 %
CÔTE DE LA REDOUTE
ATTEINTE APRÈS 226,5 KM
LONGUEUR : 2 KM

9,4 %
CÔTE DE LA ROCHE AUX FAUCONS
ATTEINTE APRÈS 241,5 KM
LONGUEUR : 1,5 KM

8,6 %
CÔTE DE SAINT-NICOLAS
ATTEINTE APRÈS 255,5 KM
LONGUEUR : 1,2 KM

NOMBRE DE COUREURS

1892	2014
33	200

PREMIÈRE ÉDITION
1892

NOMBRE D'ÉDITIONS
100
(2014)

Massif de l'Ardenne

PHILIPPE GILBERT

2011

QUADRUPLE VAINQUEUR

2013

LE VAINQUEUR DANIEL MARTIN POURSUIVI PAR UN SPECTATEUR DÉGUISÉ EN PANDA.

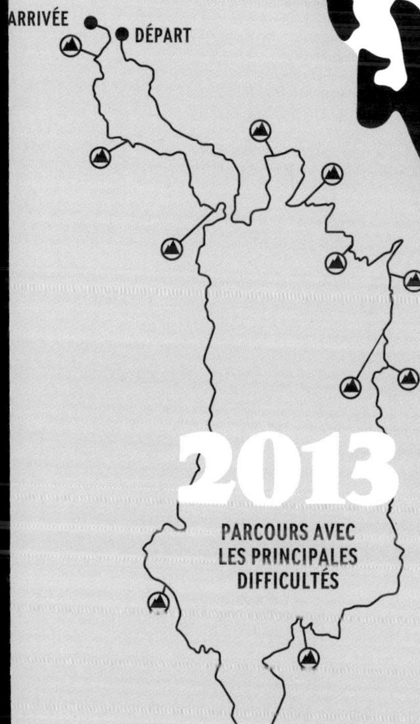

2013

PARCOURS AVEC LES PRINCIPALES DIFFICULTÉS

CLASSIQUES PARIS-ROUBAIX

« L'enfer du Nord »

PREMIÈRE ÉDITION :

1896

NOMBRE D'ÉDITIONS :

112

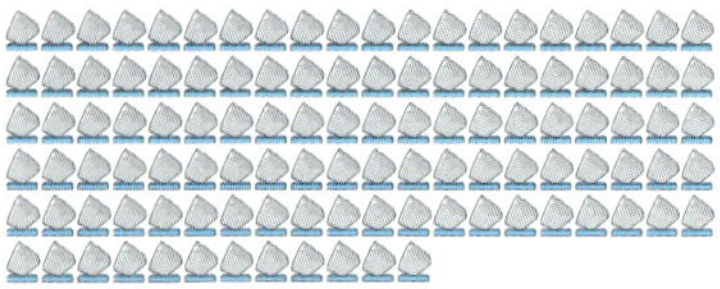

COUREURS LES PLUS TITRÉS :

ROGER DE VLAEMINCK
BELGIQUE
4 VICTOIRES

TOM BOONEN
BELGIQUE
4 VICTOIRES

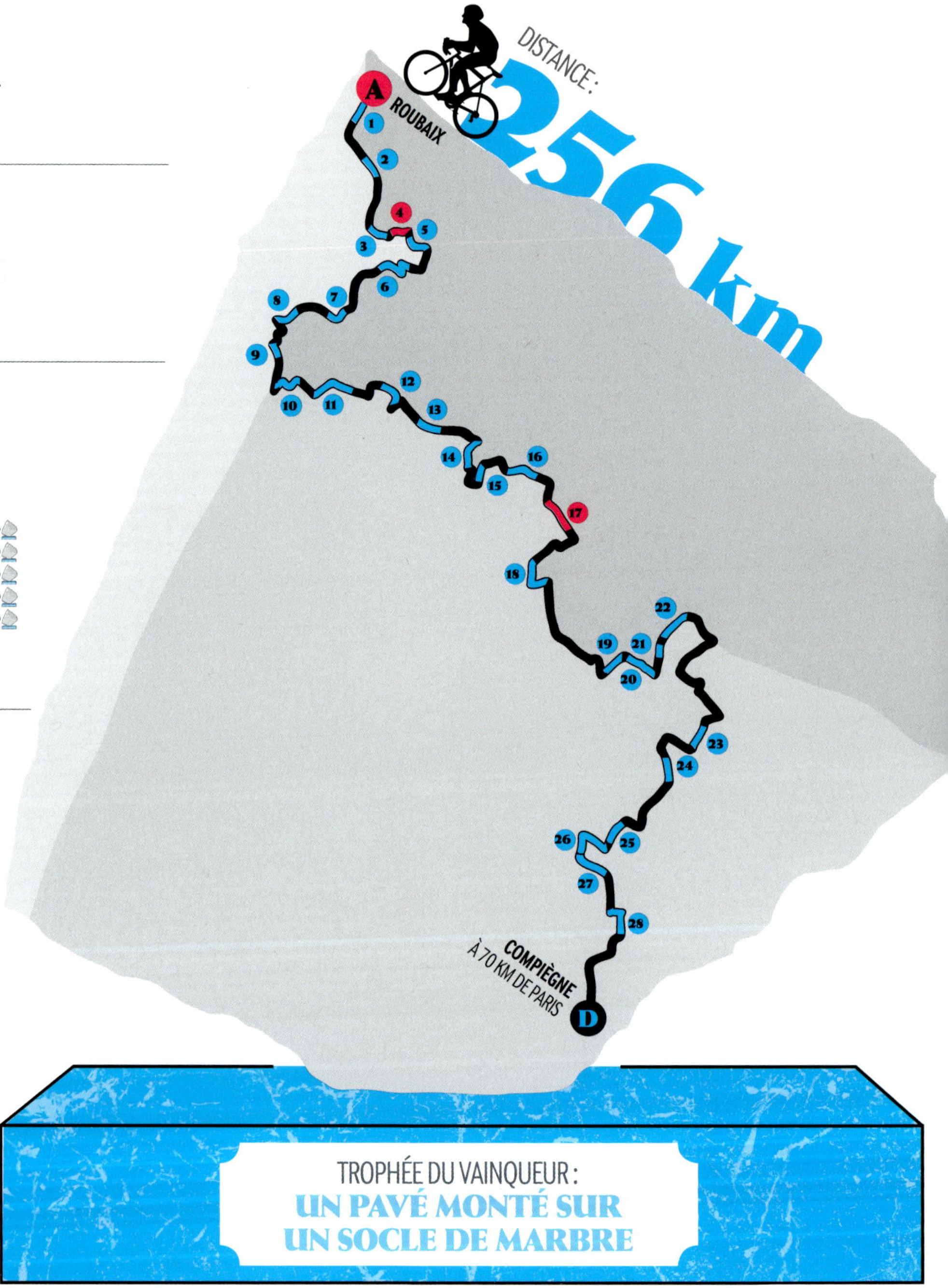

SECTEURS PAVÉS :

28

CLASSEMENT DES SECTEURS PAR DIFFICULTÉ :

★	2, 1
★★	24, 11, 9, 7, 3
★★★	27, 26, 23, 22, 21, 20, 19, 16, 15, 14, 13, 12, 8
★★★★	25, 18, 6, 5
★★★★★	17, 10, 4

17 TROUÉE D'ARENBERG

ATTEINTE APRÈS 161,5 KM

4 CARREFOUR DE L'ARBRE

ATTEINT APRÈS 240 KM

A VÉLODROME DE ROUBAIX

ARRIVÉE DE LA COURSE

ATTEINT APRÈS 255 KM

DOUCHE DU VAINQUEUR

ATTEINTE APRÈS 256 KM

ROIS DE LA ROUTE

Né le :
15/09/1919
À Castellania,
Italie

Équipes

1939 1942	Legnano
1945	S.S. Lazio Ciclismo/Bianchi
1946 1955	Bianchi
1956 1957	Carpano
1958	Bianchi
1959	Tricofilina

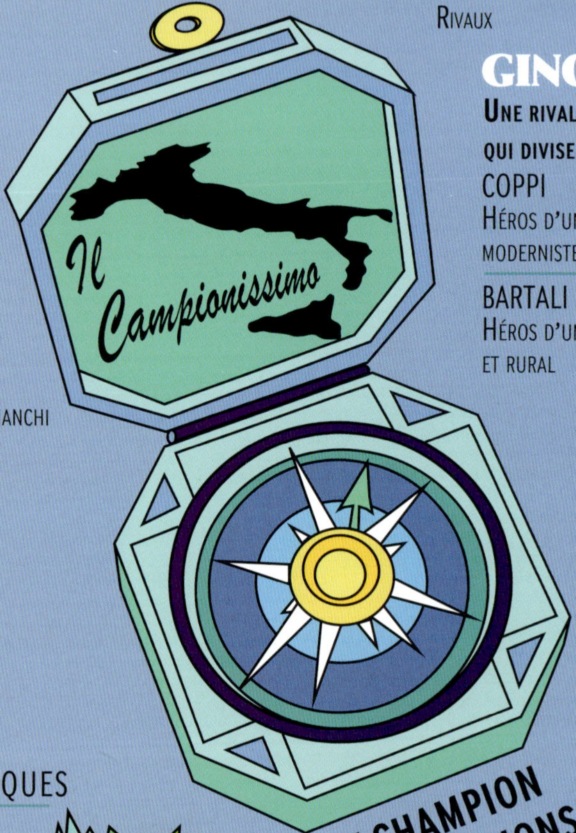

LE CHAMPION DES CHAMPIONS

Rivaux

GINO BARTALI

Une rivalité qui divise l'Italie

COPPI
Héros d'un Nord moderniste

BARTALI
Héros d'un Sud religieux et rural

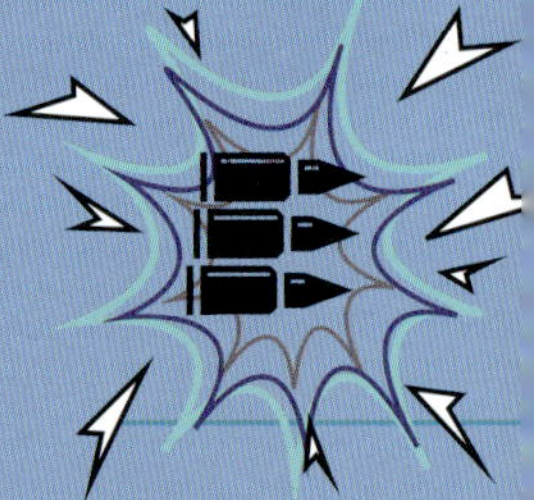

Prisonnier !
Afrique - Seconde Guerre mondiale
Capturé et détenu par les Anglais en Italie
Rentre chez lui à vélo

Grands Tours, classiques et records

1942 Son record de l'heure tiendra 14 ans.

5 Tours d'Italie

5 Tours de Lombardie

3 Milan-San Remo

Champion du monde 1953

2 Tours de France

Paris - Roubaix, La Flèche Wallonne 1950

Décédé le :
02/01/1960

Cause de la mort :
Inconnue

Malaria ? Cocaïne ?
Empoisonnement ?

Évoque l'usage de **produits dopants** alors qu'il est encore coureur.

FAUSTO COPPI
« Le Héron »

EDDY MERCKX
« Le Cannibale »

« LE PLUS GRAND CHAMPION QUE LE CYCLISME AIT JAMAIS CONNU. »

VÉLO

NÉ LE :
17/06/1945
À MEENSEL-KIEZEGEM
BELGIQUE

ÉQUIPES

1965	SOLO-SUPERIA
1966 **1967**	PEUGEOT-BP-MICHELIN
1968 **1970**	FAEMA
1971 **1976**	MOLTENI
1977	FIAT
1978	C&A

RIVAUX
NOMBREUX, POUR LA PLUPART BELGES

BOXÉ PAR UN SPECTATEUR 1971

GRANDS TOURS, CLASSIQUES ET RECORDS

19 VICTOIRES EN CLASSIQUES « MONUMENTS »

5 TOURS DE FRANCE

5 TOURS D'ITALIE

3 fois CHAMPION DU MONDE

TOUR D'ESPAGNE **1973**

RECORD DE L'HEURE

ÉTABLI EN **1972**

DÉTENU PENDANT **12** ANS

ROIS DE LA ROUTE

« JE COURS POUR GAGNER, PAS POUR PLAIRE AUX GENS. »

NÉ LE :
14/11/1954
À YFFINIAC, FRANCE

LE PATRON DU PELOTON

HINAULT ÉTAIT CONNU POUR IMPOSER SA VOLONTÉ AU SEIN DU PELOTON. IL DÉCLARA UN JOUR AUX JOURNALISTES :

« IL N'Y AURA PAS D'ATTAQUES AUJOURD'HUI, CAR L'ÉTAPE DE DEMAIN EST DIFFICILE. »

A TERMINÉ **PREMIER OU DEUXIÈME** DANS TOUS SES TOURS DE FRANCE.

ÉQUIPES

1975 1977 GITANE-CAMPAGNOLO

1978 1983 RENAULT-ELF-GITANE

1984 1986 LA VIE CLAIRE

BLESSÉ !

ABANDONNE LE TOUR DE FRANCE 1980 À CAUSE D'UNE TENDINITE AU GENOU DROIT.

REVIENT DEUX MOIS PLUS TARD **ET REMPORTE LES CHAMPIONNATS DU MONDE.**

LE PLUS TITRÉ DES COUREURS FRANÇAIS

GRANDS TOURS, CLASSIQUES ET RECORDS

5 TOURS DE FRANCE

2 TOURS D'ESPAGNE

3 TOURS D'ITALIE

1976 PARIS-CAMEMBERT

1980 CHAMPIONNATS DU MONDE SUR ROUTE

1979 1984 TOUR DE LOMBARDIE

1977 1978 1979 1982 1984 GRAND PRIX DES NATIONS

1981 PARIS-ROUBAIX

1977 GENT-WEVELGEM

1977 1980 LIÈGE-BASTOGNE-LIÈGE

BERNARD HINAULT
« Le Blaireau »

GREG LEMOND
« Le Ricain »

ROIS DE LA ROUTE

LE SEUL AMÉRICAIN À REMPORTER LE TOUR DE FRANCE

NÉ LE :
26/06/1961
À LAKEWOOD
ÉTATS-UNIS

Monsieur un million $

1985
SIGNE UN CONTRAT DE
1 000 000 $
AVEC
LA VIE CLAIRE

1990
SIGNE UN CONTRAT DE
5 500 000 $
AVEC
Z-TOMASO

ÉQUIPES

1981 1984	RENAULT-ELF-GITANE
1985 1987	LA VIE CLAIRE
1988	PDM-ULTIMA-CONCORDE
1989	ADR
1990 1994	Z-TOMASO

GRANDS TOURS, CLASSIQUES ET RECORDS

3 TOURS DE FRANCE

CHAMPIONNATS DU MONDE **2** VICTOIRES

PREMIER AMÉRICAIN VAINQUEUR DU TOUR DE FRANCE

SON RIVAL **BERNARD HINAULT**

Né le :
12/08/1960
À Paris
France

Les fameuses lunettes

Elles n'étaient pas la cause de son surnom **« Le Professeur ».** Il était l'un des rares coureurs à avoir fréquenté l'université.

Équipes

1982 1985	Renault-Elf
1986 1989	Système U
1990 1991	Castorama
1992 1993	Gatorade

Grands Tours, classiq

et records

Milan - San Remo
1988
1989

Tour d'Italie
1989

Tour de Fran
1983
1984

1989 Tour De France

Seulement
8 secondes
séparent
Lemond
et Fignon

Le contre-la-montre final, à Paris, fait toute la différence…

Fignon Deux roues pleines et cintre course traditionnel

Lemond Une roue pleine, casque profilé et cintre aéro

Décédé le :
31/08/2010
à seulement 50 a

LAURENT FIGNON
« Le professeur »

L'ÉVENTAIL : REMÈDE CONTRE LE VENT LATÉRAL

Les coureurs se disposent selon une ligne diagonale (en éventail) pour s'abriter du vent.

Dans la bordure

Les coureurs coincés derrière l'éventail prennent le vent : ils sont dans la bordure.

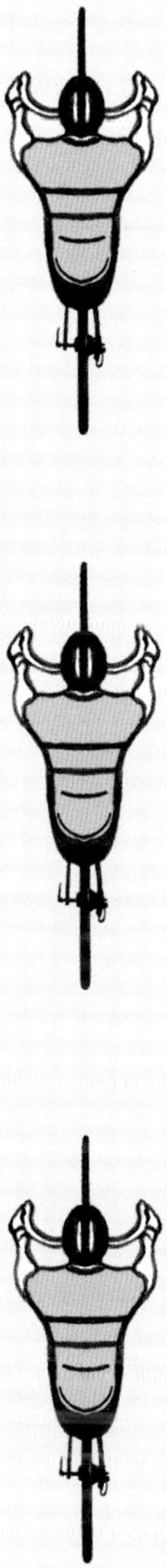

L'équipe Omega Pharma-Quick Step est l'une des plus efficaces par vent latéral.

Chaque coureur prend un relais, puis revient se placer à la base de l'éventail.

Cette rotation permet de partager le travail, et l'éventail peut se détacher ainsi du reste du peloton.

Un vent latéral ou de trois quarts face provoque souvent des cassures : sans abri, il est difficile de tenir le rythme.

Les coureurs luttent pour intégrer l'éventail. S'ils sont rejetés dans la bordure, ils sont condamnés à une longue et épuisante chasse.

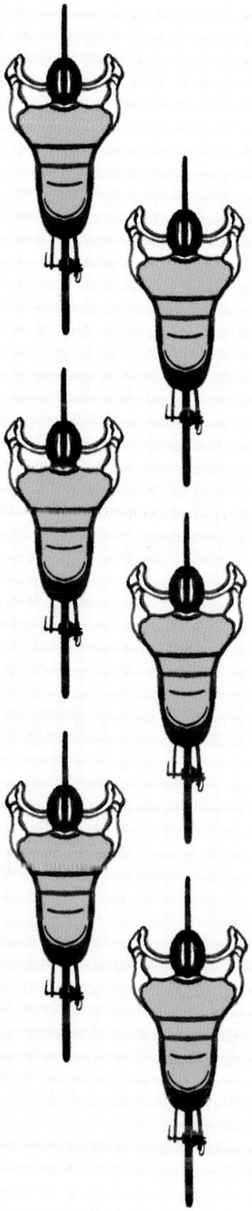

« Lorsqu'un éventail se forme, c'est comme tomber dans un lac gelé : il reste cinq secondes pour réagir ou c'est la fin. »

Mark Cavendish, vainqueur de la 13e étape du Tour de France 2013

STRATÉGIE – LE TRAIN DU SPRINTEUR

5 heures

Peloton

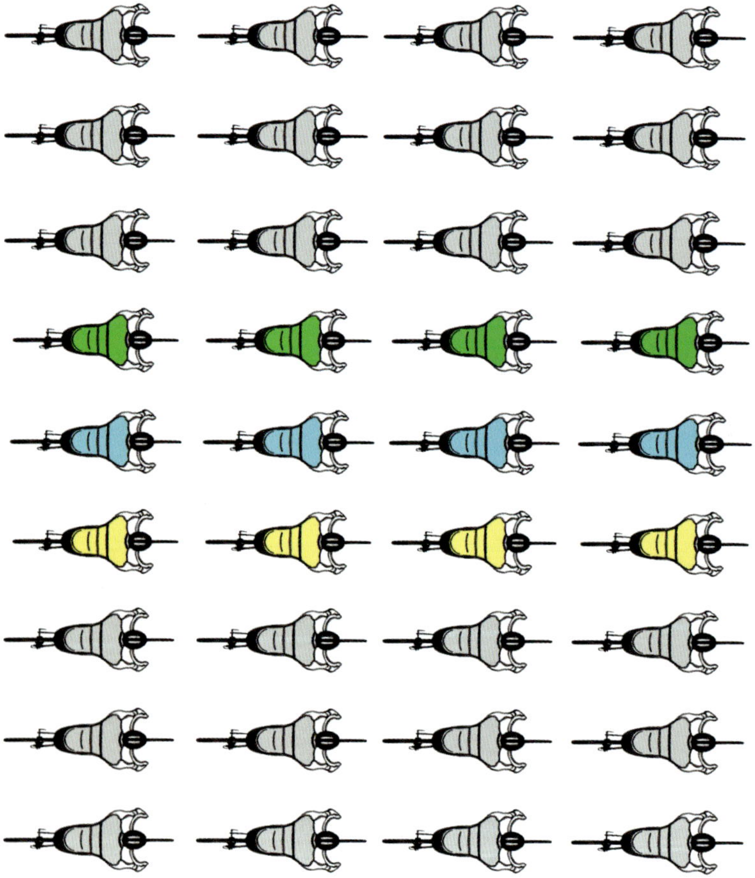

1 heure

Les équipiers se placent
pour protéger leur sprinteur.

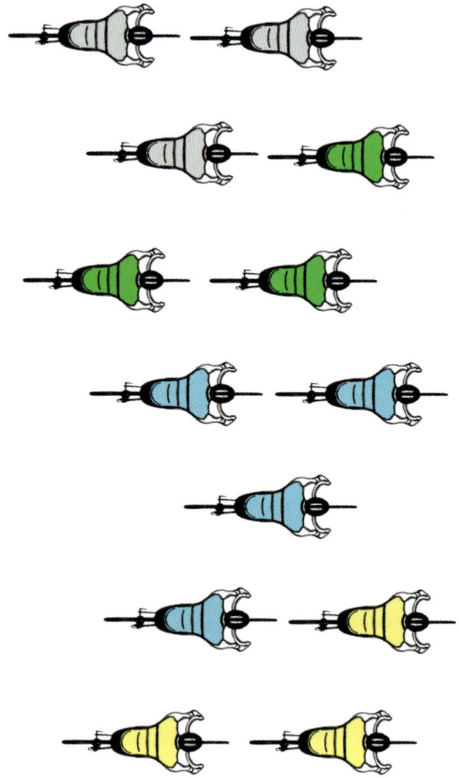

5 km L'équipier qui prend l'ultime relais est appelé le poisson-pilote. **FLAMME ROUGE 1 km** **200 m**

ARRIVÉE AU SPRINT

Giant-Shimano
(Pays-Bas)

Sprinteur : Marcel Kittel (Allemagne)

Poisson-pilote : Tom Veelers (Pays-Bas)

Avant-dernier relais : Luka Mezgec (Slovénie)

Sprinteur : Marcel Kittel

Omega Pharma-Quick Step
(Belgique)

Sprinteur : Mark Cavendish (Grande-Bretagne)

Poisson-pilote : Mark Renshaw (Australie)

Avant-dernier relais : Alessandro Petacchi (Italie)

Sprinteur : Mark Cavendish

Lotto-Belisol
(Belgique)

Sprinter : Andre Greipel (Allemagne)

Poisson-pilote : Jurgen Roelandts (Belgique)

Avant-dernier relais : Marcel Sieberg (Allemagne)

Sprinteur : André Greipel

STRATÉGIE – ATTAQUE EN MONTAGNE
Alberto Contador contre Chris Froome

Alberto Contador, alias « El Pistolero », lance une attaque. Ses adversaires font l'effort pour revenir. Contador repart. Épuisés, certains coureurs ne peuvent réagir. Contador continue ses attaques successives jusqu'à semer son dernier rival et filer seul en tête.

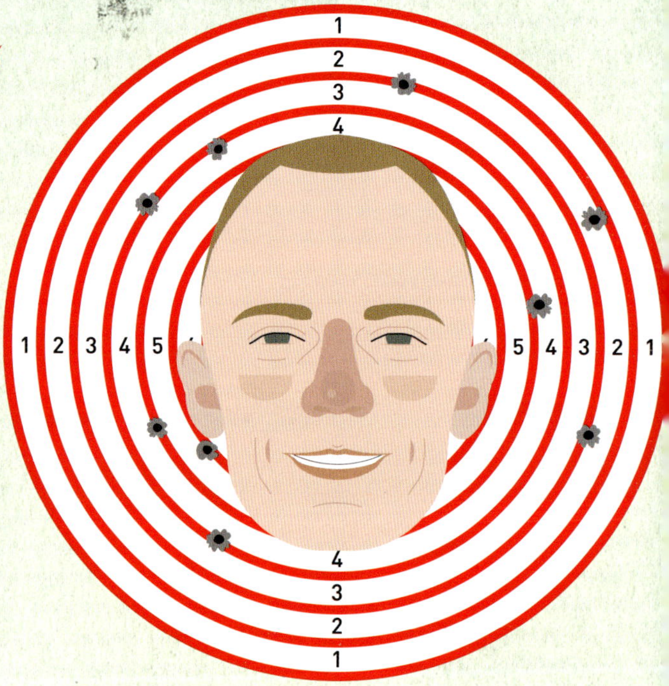

L'équipe Sky dicte le rythme alors que l'équipier de tête donne son maximum.

Il s'efface après avoir produit son effort. Un deuxième équipier prend le relais.

Les derniers équipiers se sacrifient. Froome s'abrite et se préserve pour le final.

STRATÉGIE – L'ÉCHAPPÉE

Tour de France 2013 : 2e étape - Bastia-Ajaccio, Corse.

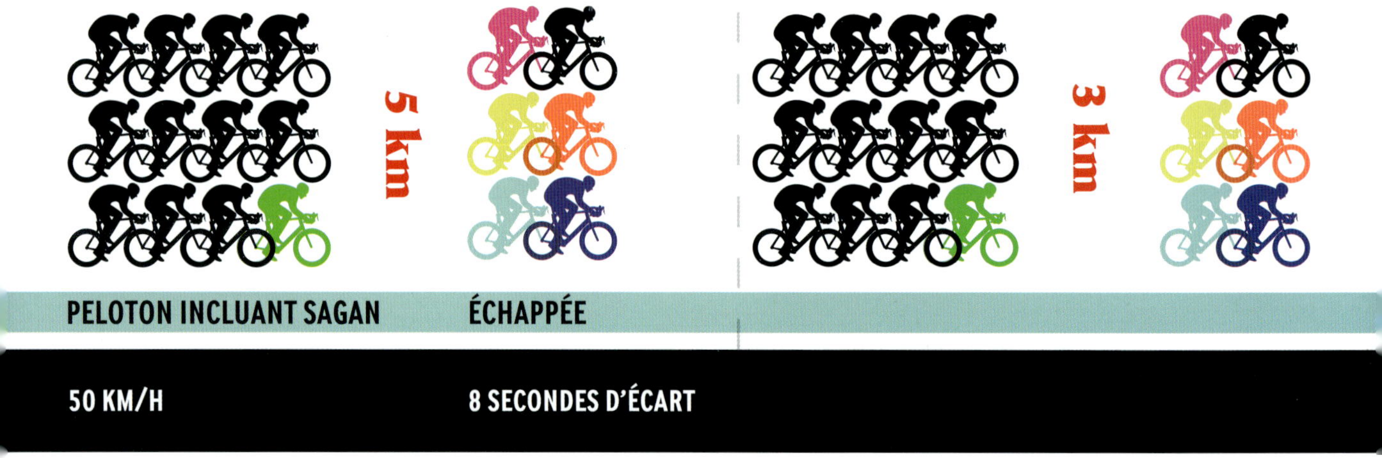

Jan Bakelants fait partie d'un groupe de six coureurs qui s'échappent à 5 km de l'arrivée. Bakelants attaque 2,5 km avant la ligne et remporte l'étape avec une seconde d'avance sur le peloton mené par le maillot vert, Peter Sagan. Grâce à cette victoire, la première de sa carrière professionnelle, Bakelants prend le maillot de leader dans la course la plus prestigieuse du monde.

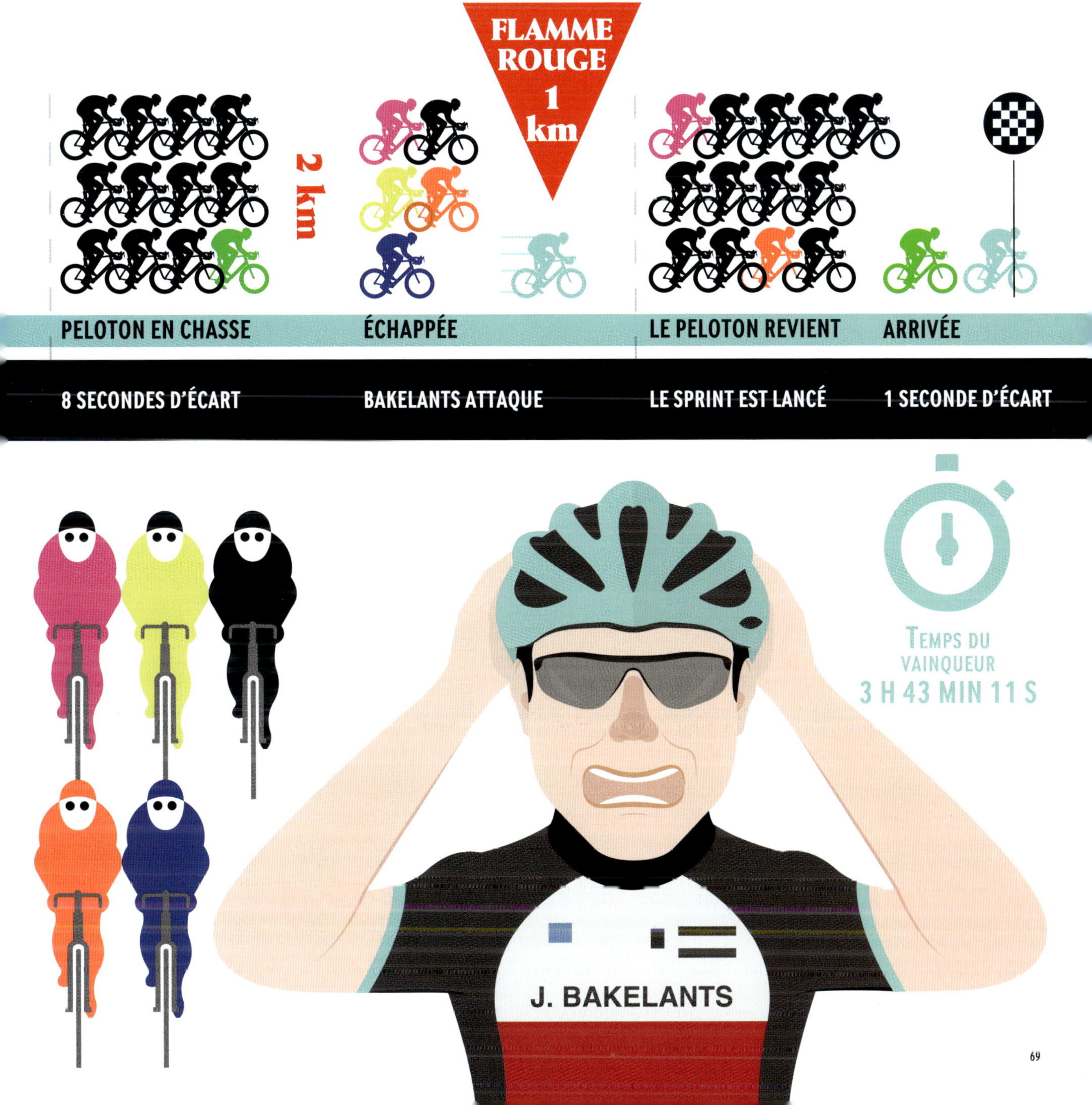
FLAMME ROUGE
1 km
2 km
PELOTON EN CHASSE
ÉCHAPPÉE
LE PELOTON REVIENT
ARRIVÉE
8 SECONDES D'ÉCART
BAKELANTS ATTAQUE
LE SPRINT EST LANCÉ
1 SECONDE D'ÉCART
TEMPS DU VAINQUEUR
3 H 43 MIN 11 S
J. BAKELANTS

STRATÉGIE – STYLES ET POSITIONS

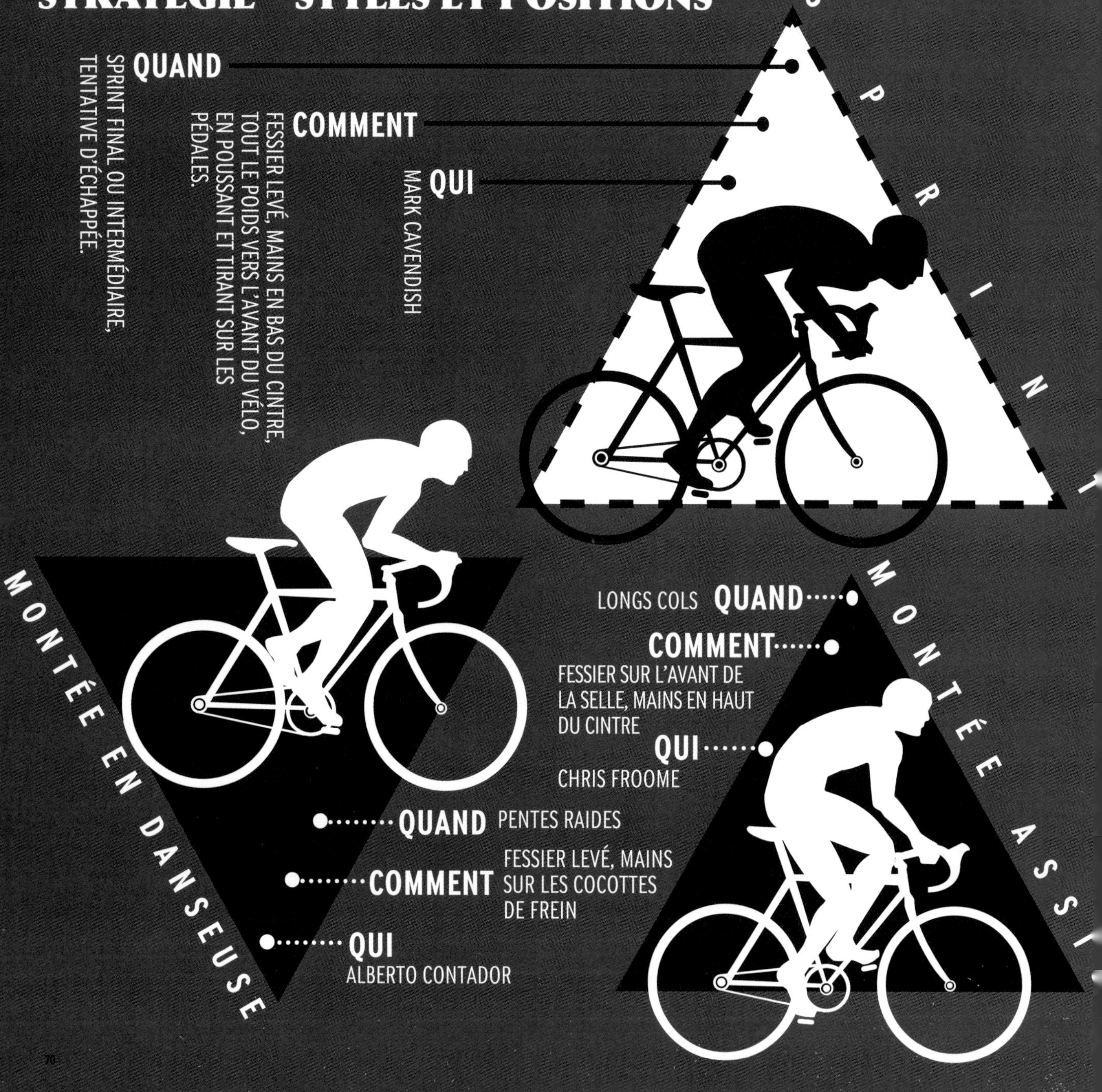

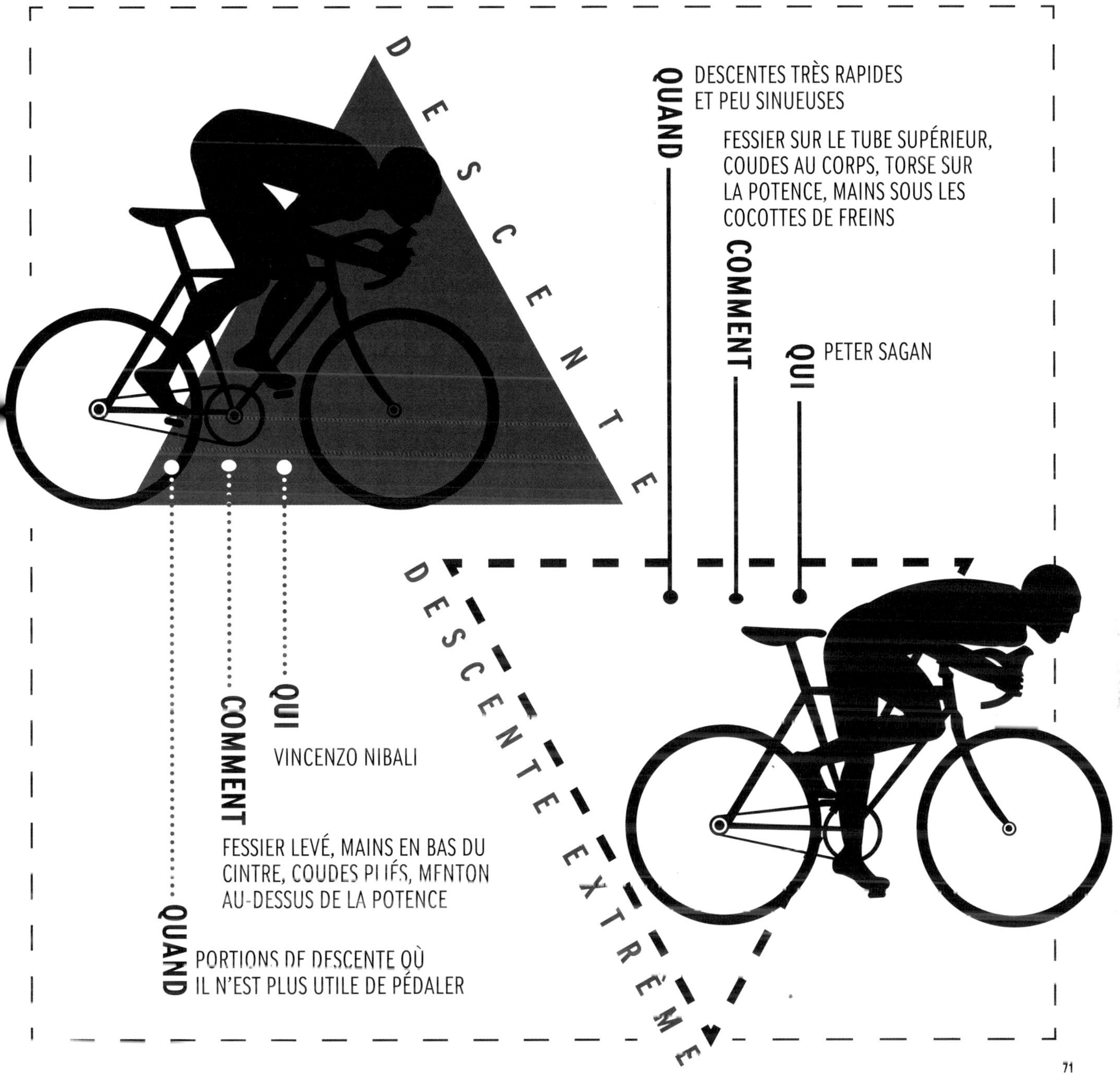
DESCENTE
QUAND
DESCENTES TRÈS RAPIDES ET PEU SINUEUSES
COMMENT
FESSIER SUR LE TUBE SUPÉRIEUR, COUDES AU CORPS, TORSE SUR LA POTENCE, MAINS SOUS LES COCOTTES DE FREINS
QUI
PETER SAGAN
DESCENTE EXTRÊME
QUI
VINCENZO NIBALI
COMMENT
FESSIER LEVÉ, MAINS EN BAS DU CINTRE, COUDES PLIÉS, MENTON AU-DESSUS DE LA POTENCE
QUAND
PORTIONS DE DESCENTE OÙ IL N'EST PLUS UTILE DE PÉDALER

CONSTRUIRE LE VÉLODROME SUISSE

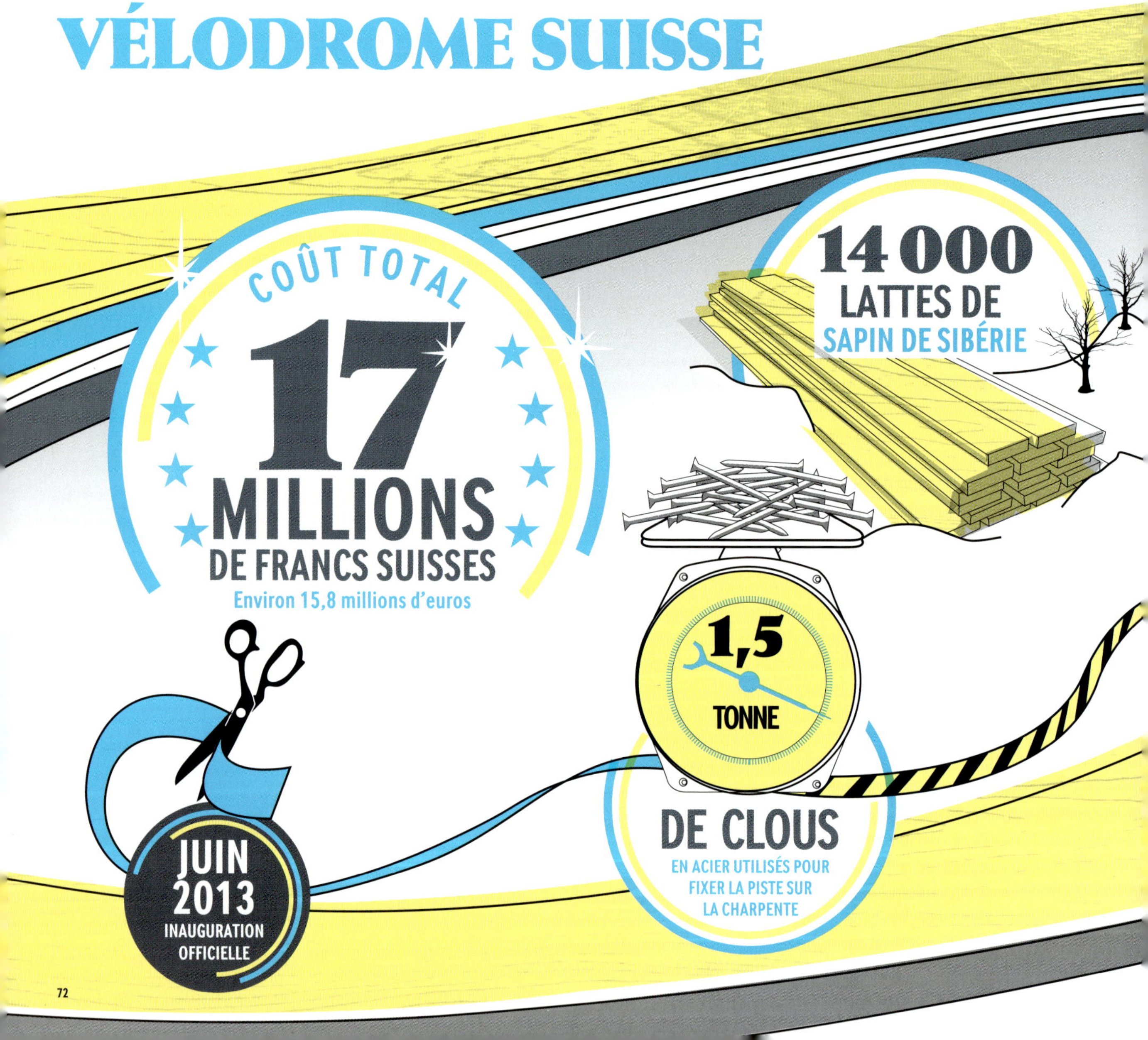

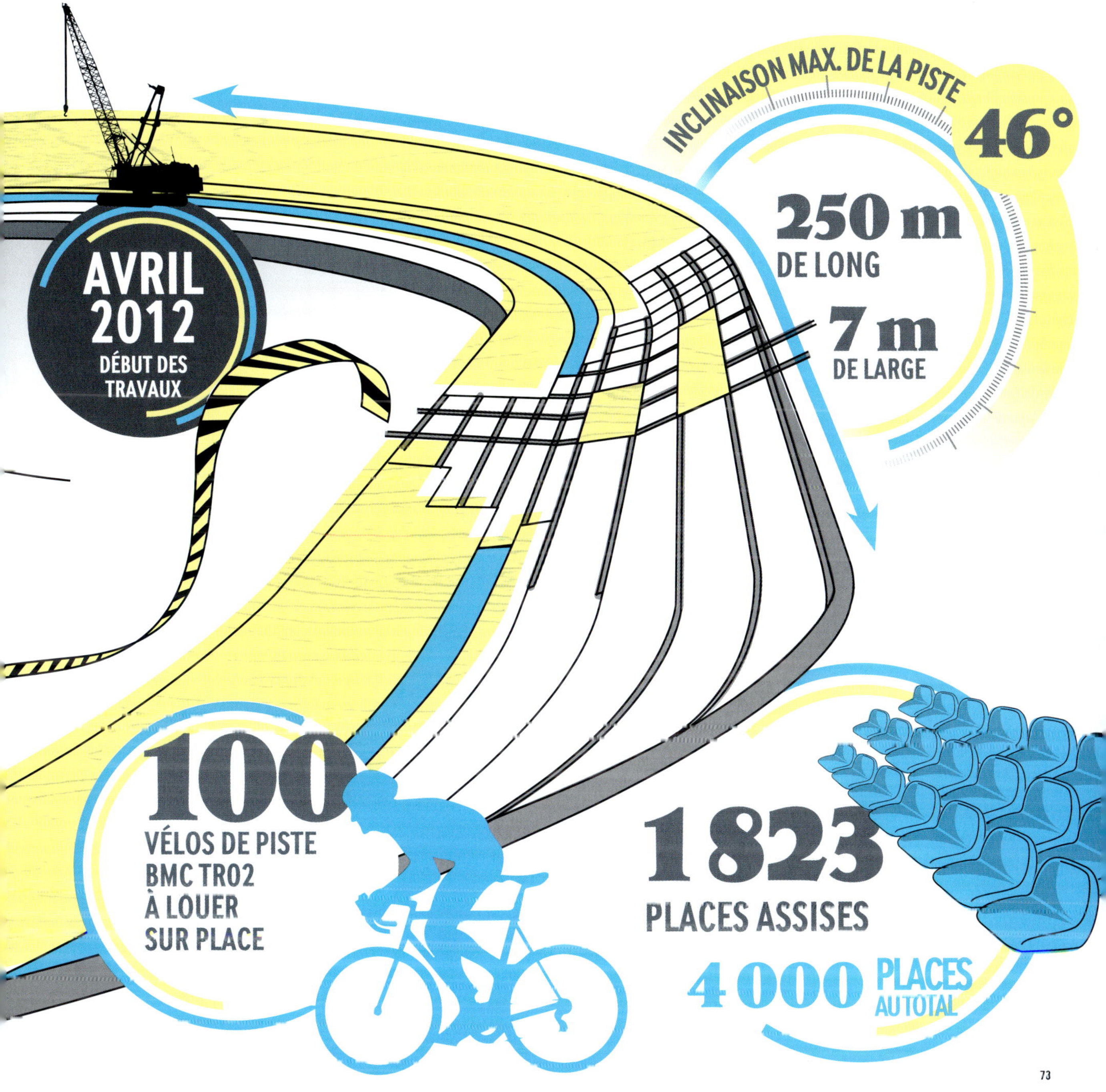
AVRIL
2012
DÉBUT DES
TRAVAUX
INCLINAISON MAX. DE LA PISTE
46°
250 m
DE LONG
7 m
DE LARGE
100
VÉLOS DE PISTE
BMC TR02
À LOUER
SUR PLACE
1823
PLACES ASSISES
4 000 PLACES
AU TOTAL

CYCLISME SUR PISTE

Poursuite par équipe

ILLUSTRATIONS BASÉES SUR LA VICTOIRE DE L'ÉQUIPE BRITANNIQUE SUR CELLE D'AUSTRALIE LORS DES JEUX 2012

DÉPART/ARRIVÉE

4 km

62 km/h

DEUX ÉQUIPES DE QUATRE COUREURS SE RENCONTRENT. ELLES S'ÉLANCENT EN DES POINTS OPPOSÉS DE LA PISTE.

OBJECTIF : RATTRAPER L'ÉQUIPE ADVERSE. LES COUREURS SE RELAIENT EN TÊTE.

ÉQUIPE GB 2008

Geraint Thomas
Ed Clancy
Paul Manning
Bradley Wiggins

Champions olympiques

ÉQUIPE GB 2012

Geraint Thomas
Ed Clancy
Peter Kennaugh
Steven Burke

« Les Australiens ont été balayés par le summum de l'excellence. »

LES COUREURS GARDENT UNE FORMATION SERRÉE POUR OPTIMISER L'AÉRODYNAMISME.
LE COUREUR DE TÊTE ABRITE SES TROIS COÉQUIPIERS.

APRÈS SON EFFORT, LE MENEUR S'EFFACE ET LAISSE PASSER SES TROIS COÉQUIPIERS.
IL REVIENT SE PLACER À L'ARRIÈRE DU GROUPE, AU PLUS PRÈS POSSIBLE DU COUREUR LE PRÉCÉDANT.

Record du monde : 3:51.659

CYCLISME SUR PISTE

Vitesse individuelle

Le sprint à un contre un

Qualifications au temps sur un tour de piste.

Courses par élimination jusqu'à la finale.

Les deux adversaires partent sur la même ligne.

Au départ, c'est une lutte tactique.

Puis la course s'emballe et les coureurs finissent au maximum de leur puissance.

LA CLOCHE SIGNALE LE DERNIER TOUR.

600 m

DISTANCE OLYMPIQUE

CHAMPIONS BRITANNIQUES
Chris Hoy
CHAMPION OLYMPIQUE
2008
CHAMPION DU MONDE
2008
Victoria Pendleton
CHAMPIONNE OLYMPIQUE
2008
CHAMPIONNE DU MONDE
2005,2007
2008,2009
2010,2012

CYCLISME SUR PISTE
Le Keirin

VÉLOMOTEUR DERNY 98 CM^3

Équipé d'un moteur deux-temps Zurcher pour une vitesse de pointe de 50 km/h. Premiers modèles construits par la firme parisienne Roger Derny et Fils en 1938. Pignon fixe.

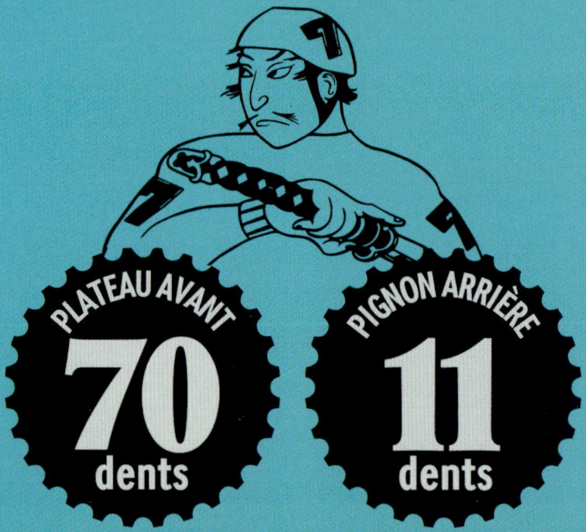

3 à 7 coureurs suivent le Derny durant les 7 premiers tours. Le Derny accroît progressivement son allure.

Au Japon, le keirin est le support de paris officiels.

Vitesse derrière Derny

Hommes : 30 à 50 km/h
Femmes : 25 à 45 km/h
Sprint : derniers 600 à 700 m

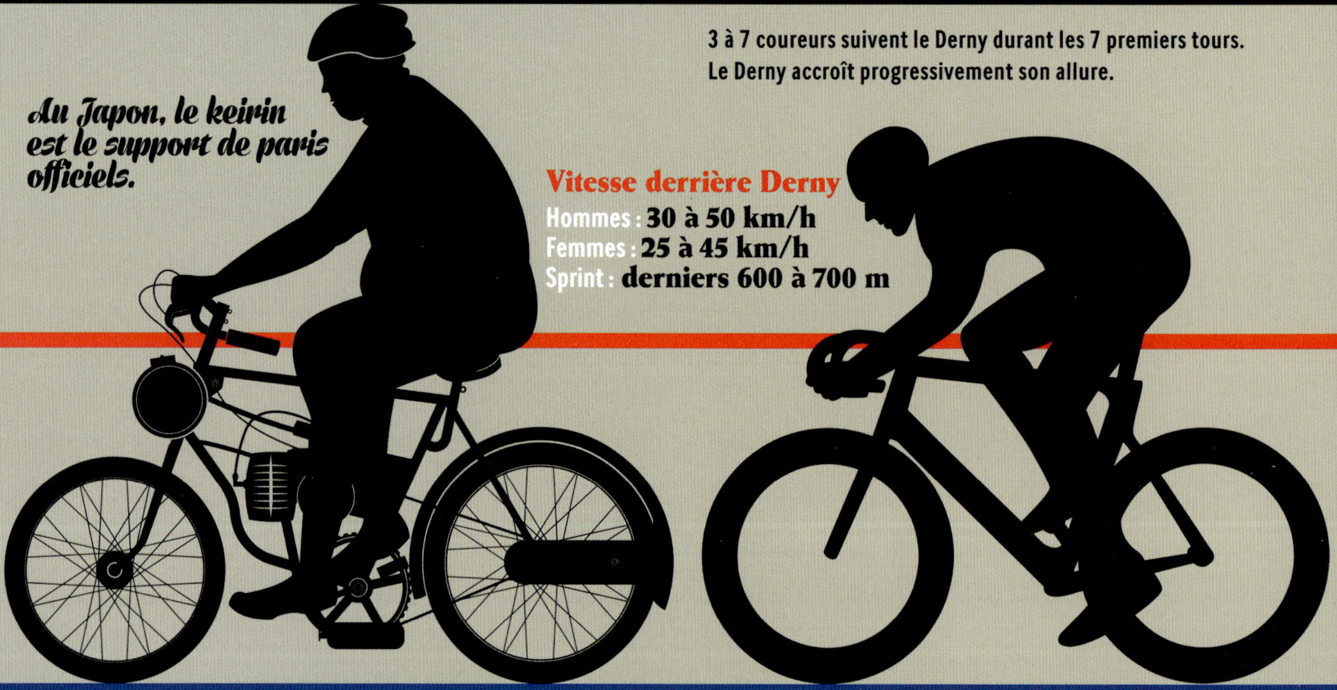

CHAMPIONS BRITANNIQUES

CHAMPION OLYMPIQUE 2008 2012 CHRIS HOY

CHAMPION DU MONDE 2007 2008 2010 2012 CHRIS HOY

CHAMPIONNE OLYMPIQUE 2012 VICTORIA PENDLETON

CHAMPIONNE DU MONDE 2007 VICTORIA PENDLETON

CYCLISME SUR PISTE
LE RECORD DE L'HEURE

60 minutes pour la gloire

DEUX RECORDS

Meilleure performance dans l'heure
Moins de contraintes techniques.

Record de l'heure UCI
Standards similaires à ceux des vélos de piste à roues à rayons.

La piste d'un vélodrome forme la surface la plus appropriée pour un record de l'heure.

1993 BORDEAUX

52,270 km

Chris Boardman

Vélo de piste Corima surbaissé

1994 BORDEAUX

52,713 km

Graeme Obree

Position Superman

BRISEURS DE RECORDS

Plus grand nombre de kilomètres parcourus en une heure sur la piste d'un vélodrome.

1972 MEXICO

49,431 km

Eddy Merckx

Vélo traditionnel avec cintre course et roues à rayons

1984 MEXICO

51,151 km

Francesco Moser

Cadre surbaissé, roues différenciées (700c/650c) et cintre aéro

1993 HAMAR, NORVÈGE

51,596 km

Graeme Obree

Position « mante religieuse », sur vélo artisanal (« Old Faithful ») incluant des roulements de machine à laver

1996 MANCHESTER

56,375 km

Chris Boardman

Position Superman

2000 MANCHESTER

49,441 km

Chris Boardman

Vélo de piste traditionnel

ROIS ET REINES DE LA PISTE

BRADLEY WIGGINS
Endurance
NÉ LE : 28 AVRIL 1980
Doit effectuer son retour à Rio en 2016
Olympien britannique le plus titré
Quatre médailles d'or olympiques
3 sur piste, 1 sur route
1 méd. d'argent olympique sur piste
1 méd. de bronze olympique sur piste
Sept titres mondiaux

CHRIS HOY
Vitesse
NÉ LE : 23 MARS 1976
Retraité après les Jeux de Londres (2012)
Olympien britannique le plus médaillé
Six médailles d'or olympiques
1 médaille d'argent olympique
11 titres mondiaux
keirin, vitesse,
vitesse par équipe

HOMMES
Poursuite par équipe

7

GERAINT THOMAS
ENDURANCE
NÉ LE : 25 MAI 1986
POURSUITE PAR ÉQUIPE
4
COURSE SCRATCH, POURSUITE PAR ÉQUIPE

ED CLANCY
ENDURANCE
NÉ LE : 12 MARS 1985
POURSUITE PAR ÉQUIPE
OMNIUM
5
OMNIUM, POURSUITE PAR ÉQUIPE

STEVEN BURKE
ENDURANCE
NÉ LE : 14 MARS 1988
POURSUITE PAR ÉQUIPE
POURSUITE INDIVIDUELLE

PETER KENNAUGH
ENDURANCE
NÉ LE : 15 JUIN 1989
POURSUITE PAR ÉQUIPE

HOMMES
Vitesse par équipe

11

PHILIP HINDES
VITESSE
NÉ LE : 22 SEPTEMBRE 1992
VITESSE PAR ÉQUIPE

JASON KENNY
VITESSE
NÉ LE : 23 MARS 1988
VITESSE, VITESSE PAR ÉQUIPE
KEIRIN, VITESSE

UN RÈGNE DE DIX ANS

OR OLYMPIQUE — ARGENT OLYMPIQUE — BRONZE OLYMPIQUE — TITRE MONDIAL — TITRE BRITANNIQUE

VICTORIA PENDLETON
Vitesse

NÉE LE : 24 SEPTEMBRE 1980

Retraitée après les Jeux de Londres (2012)

Olympienne britannique la plus médaillée

Deux médailles d'or olympiques
keirin, vitesse individuelle, 1 médaille d'argent olympique

Neuf titres mondiaux
keirin, vitesse individuelle, vitesse par équipe

LAURA TROTT
Endurance

NÉE LE : 24 AVRIL 1992

Premier titre national à 14 ans

Deux médailles d'or olympiques
omnium, poursuite par équipe

Cinq titres mondiaux
omnium, poursuite par équipe

FEMMES
Vitesse

9

BECKY JAMES
VITESSE
NÉE LE : 29 NOVEMBRE 1991

VITESSE INDIVIDUELLE, KEIRIN

JESS VARNISH
VITESSE
NÉE LE : 19 NOVEMBRE 1990

500 M C.L.M.
VITESSE PAR ÉQUIPE

FEMMES
Poursuite par équipe

5

WENDY HOUVENAGHEL
ENDURANCE
NÉE LE : 27 NOVEMBRE 1974

Retraitée après les Jeux de Londres (2012)

POURSUITE INDIVIDUELLE

7

POURSUITE INDIVIDUELLE ET PAR ÉQUIPE

JOANNA ROWSELL
ENDURANCE
NÉE LE : 5 DÉCEMBRE 1988

POURSUITE PAR ÉQUIPE

2

POURSUITE INDIVIDUELLE, POURSUITE PAR ÉQUIPE

DANI KING
ENDURANCE
NÉE LE : 21 NOVEMBRE 1990

POURSUITE PAR ÉQUIPE

3

POURSUITE PAR ÉQUIPE

ELINOR BARKER
ENDURANCE
NÉE LE : 7 SEPTEMBRE 1994

POURSUITE PAR ÉQUIPE
CONTRE-LA-MONTRE SUR ROUTE (JUNIOR)

Au cours des dix dernières années, l'équipe britannique de cyclisme sur piste s'est hissée au sommet de son sport. Après avoir collectionné les médailles olympiques à Beijing en 2008, ces coureurs et coureuses ont été les stars des Jeux de Londres en 2012 (les tickets pour les épreuves de cyclisme sur piste furent ceux les plus rapidement écoulés). Ces succès répétés ont causé l'étonnement et l'agacement chez les nations rivales. Pourtant, les véritables raisons de ce triomphe ont été sans conteste les qualités intrinsèques des athlètes et de leurs entraîneurs, ainsi que le formidable travail effectué par l'équipe de développement technique menée par Chris Boardman.

UCI WORLD TOUR – MAILLOTS DES ÉQUIPES (2014)

1 OMEGA PHARMA-QUICK STEP

2 MOVISTAR TEAM

3 TEAM KATUSHA

4 TEAM SKY

5 AG2R-LA MONDIALE

6 BMC RACING TEAM

7 TINKOFF-SAXO

8 TREK FACTORY RACING

9 ORICA-GREENEDGE

10
BELKIN PRO CYCLING TEAM

11
LAMPRE-MERIDA

12
GARMIN SHARP

13
TEAM GIANT SHIMANO

14
CANNONDALE

15
ASTANA PRO TEAM

16
FDJ.FR

17
LOTTO BELISOL

18
TEAM EUROPCAR

LES ÉQUIPES DE L'UCI WORLD TOUR
Les meilleures formations du cyclisme mondial

3 KAZAKHSTAN
ASTANA PRO TEAM
Manageur général : Alexander Vinokourov
Leader : Vincenzo Nibali (Italie)
Vélo : Specialized S-Works Tarmac

TINKOFF-SAXO
Manageur général : Stefano Feltrin
Leader : Alberto Contador
Vélo : Specialized Roubaix, Specialized Tarmac, Specialized Venge

2 RUSSIE
TEAM KATUSHA
Manageur général : Viatcheslav Ekimov
Leader : Joaquim Rodríguez (Espagne)
Vélo : Canyon Ultimate CF SLX

1 ÉTATS-UNIS
BMC RACING TEAM
Manageur général : Jim Ochowitz
Leader : Cadel Evans
Vélo : BMC Team Machine

GARMIN SHARP
Manageur général : Jonathan Vaughters
Leader : Daniel Martin (Grande-Bretagne)
Vélo : Cervelo S3, S5, R5

TREK FACTORY RACING
Manageur général : Luca Guercilena
Leader : Fabian Cancellara (Suisse)
Vélo : Trek Madone 7, Trek Domane, Trek Emonda

5 BELGIQUE
LOTTO BELISOL
Manageur général : Bill Olivier
Leader : André Greipel (Allemagne)
Vélo : Ridley Noah Fast

4 AUSTRALIE
ORICA-GREENEDGE
Manageur général : Shayne Bannan
Leader : Simon Gerrans
Vélo : Scott Foil

OMEGA PHARMA-QUICK STEP
Manageur général : Patrick Lefevere
Leader : Tom Boonen (Bel.), Mark Cavendish (G.-B.)
Vélo : Specialized Roubaix, Specialized Tarmac, Specialized Venge

6 FRANCE

AG2R-LA MONDIALE
Manageur général : Vincent Lavenu
Leader : Romaln Bardet (France)
Vélo : Focus Izalco Team SL Carbon

TEAM EUROPCAR
Manageur général : Jean-René Bernaudeau
Leader : Thomas Voeckler (France)
Vélo : Colnago C59

FDJ.fr
Manageur général : Marc Madiot
Leader : Thibaut Pinot (France)
Vélo : Lapierre Xelius EFI Ultimate

7 GRANDE-BRETAGNE

TEAM SKY
Manageur général : David Brailsford
Leader : Chris Froome (Grande-Bretagne)
Vélo : Pinarello Dogma 65.1 Think 2

8 PAYS-BAS

TEAM GIANT-SHIMANO
Manageur général : Iwan Spekenbrink
Leader : Robert Gesink (Pays-Bas)
Vélo : Bianchi Oltre XR2

BELKIN PRO CYCLING TEAM
Manageur général : Richard Plugge
Leader : Sep Vanmarcke (Belgique)
Vélo : Bianchi Oltre XR2, Bianchi Inifinito CV

9 ESPAGNE

MOVISTAR TEAM
Manageur général : Eusebio Unzué
Leader : Nairo Quintana (Colombie)
Vélo : Canyon Aeroad, Canyon Ultimate, Canyon Speedmax

10 ITALIE

CANNONDALE
Manageur général : Roberto Amadio
Leader : Peter Sagan (Slovaquie)
Vélo : Cannondale SuperSix Evo

LAMPRE-MERIDA
Manageur général : Giuseppe Saronni
Leader : Rui Costa (Portugal)
Vélo : Merida Reacto Evo

EFFECTIFS – LOTTO BELISOL

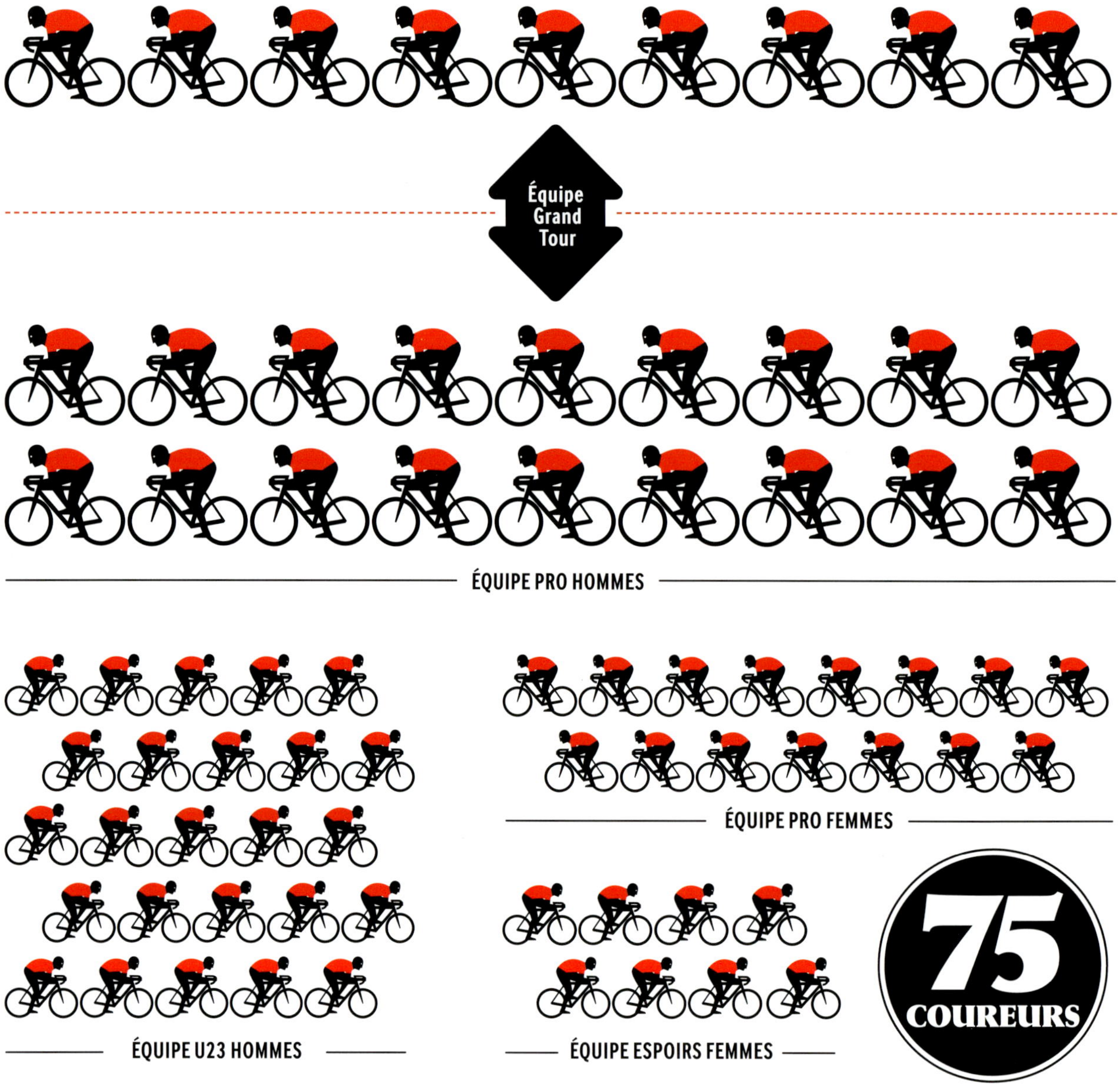

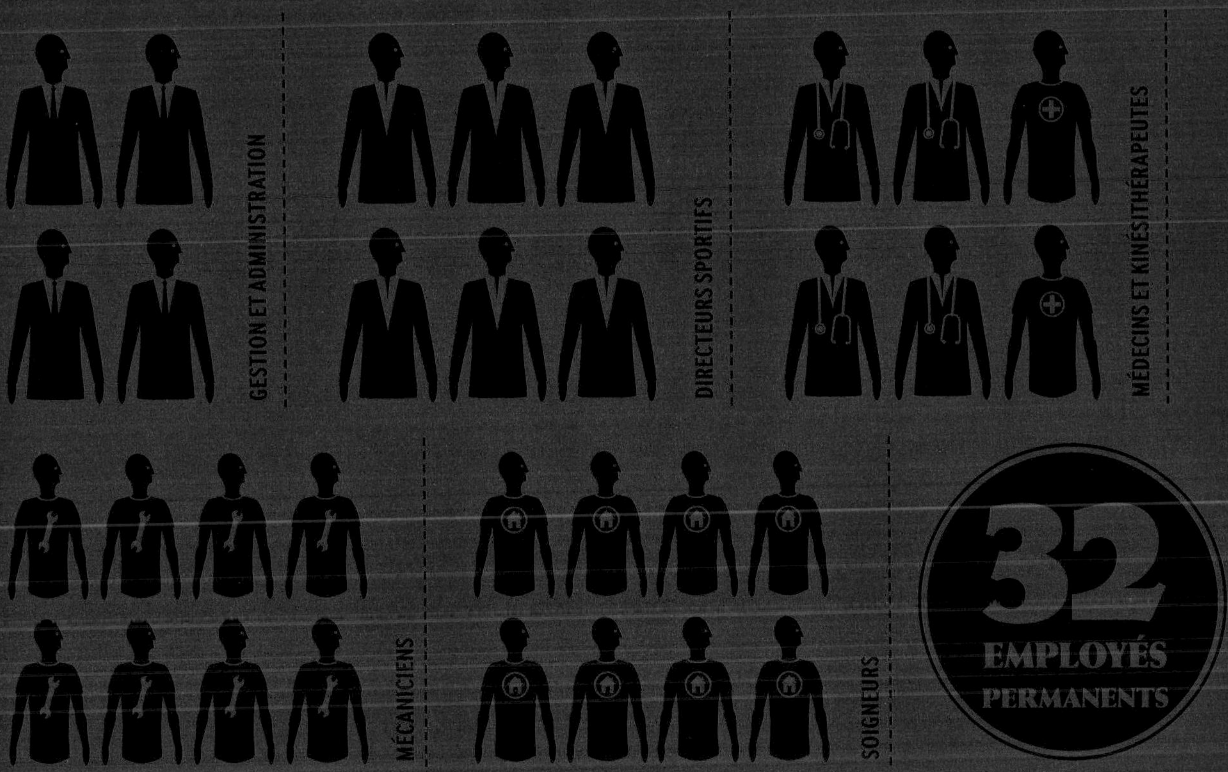

SUR LE TOUR DE FRANCE

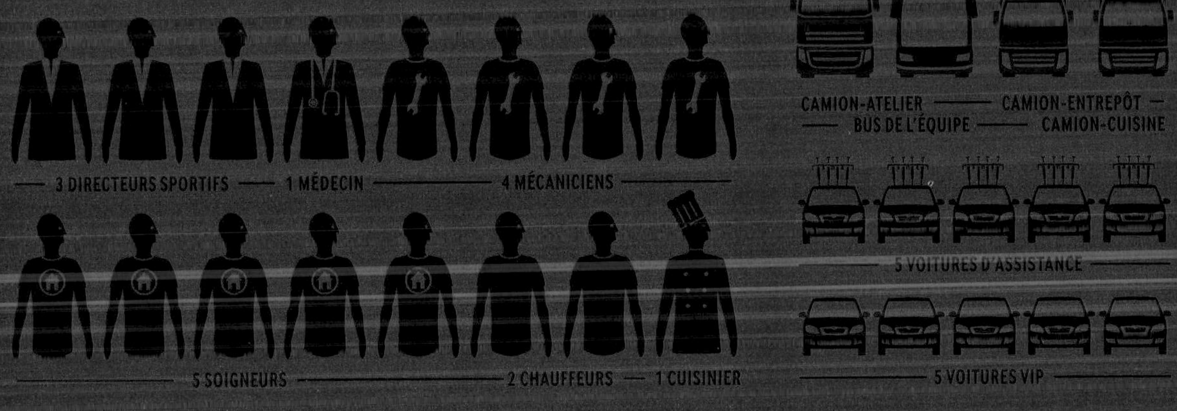

CAMIONS-ATELIERS – TEAM SKY

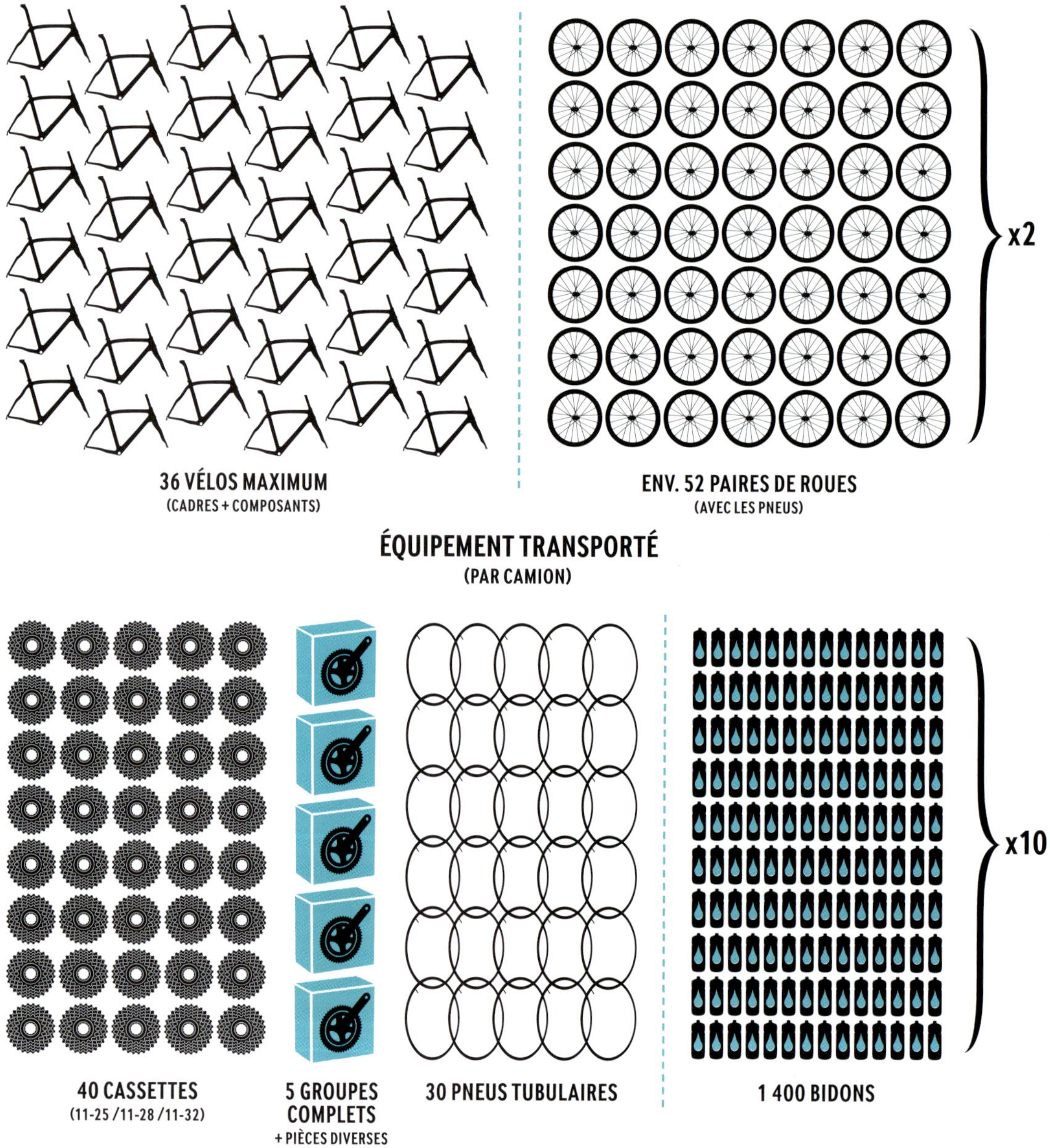

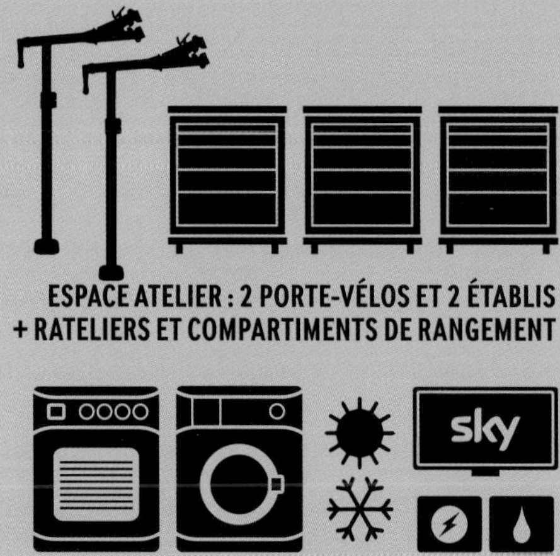

ESPACE ATELIER : 2 PORTE-VÉLOS ET 2 ÉTABLIS
+ RATELIERS ET COMPARTIMENTS DE RANGEMENT

COIN-CUISINE
+ LAVE-LINGE/
SÈCHE-LINGE

CLIMATISATION + GÉNÉRATEUR
SKY TV + RÉSERVES D'EAU

2 CAMIONS VOLVO FH 500 AVEC
REMORQUE MODULABLE ET AUVENTS

COURSES PAR ÉTAPES : 2 MÉCANICIENS
CLASSIQUES : 3 MÉCANICIENS
GRANDS TOURS : 4 MÉCANICIENS

ASSISTANCE COURSE – LOTTO BELISOL

LOGISTIQUE
MÉCANICIENS
CAMION-CUISINE
CAMION-ATELIER
CAMION-ENTREPÔT
5 VOITURES D'ASSISTANCE
5 VOITURES VIP
BASÉE À
HERENTALS
ANVERS
PAAL-BERINGEN
RIDLEY BIKES
BELGIQUE
27
COUREURS

DOPAGE – DOPAGE SANGUIN

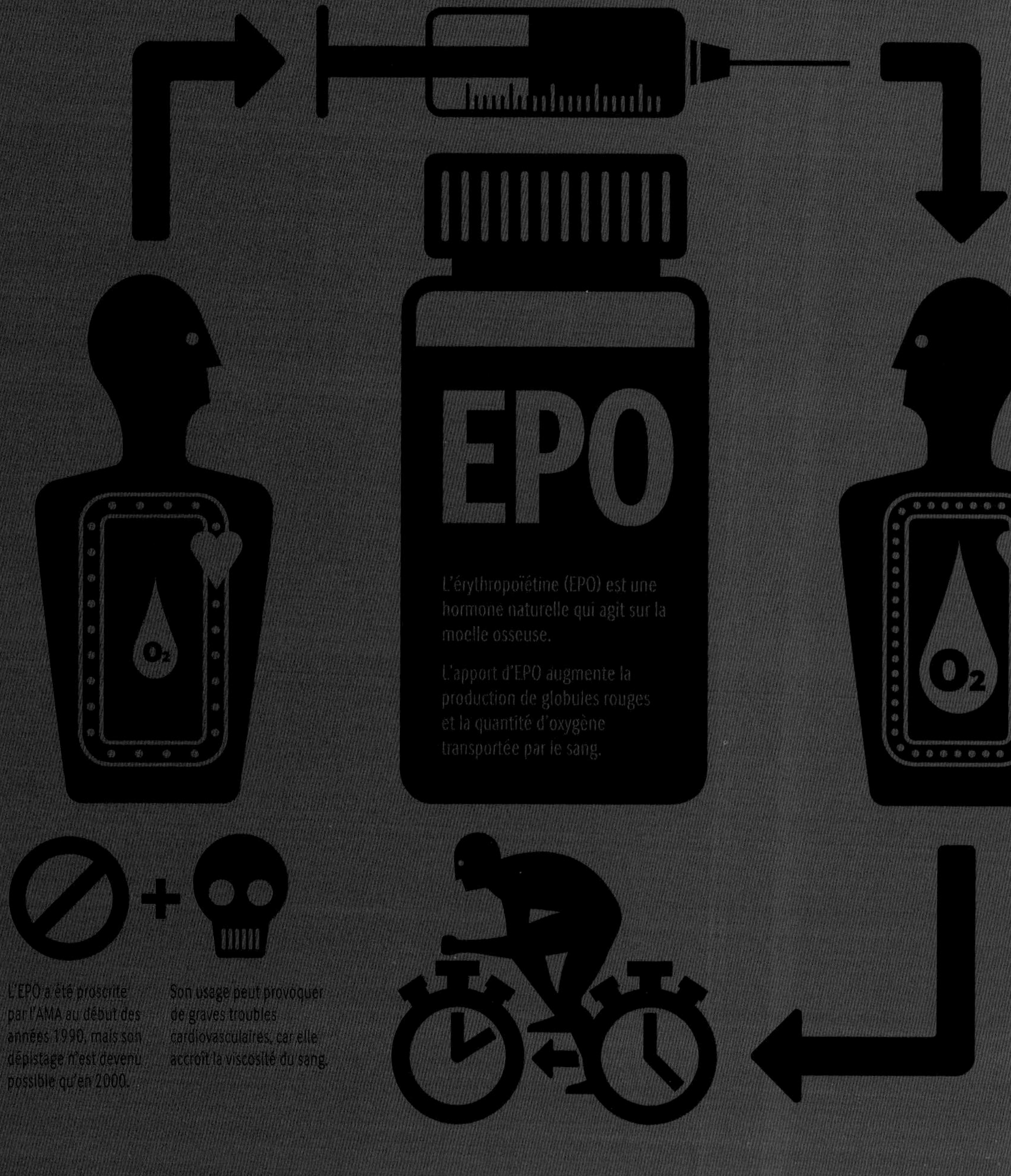

L'EPO a été proscrite par l'AMA au début des années 1990, mais son dépistage n'est devenu possible qu'en 2000.

Son usage peut provoquer de graves troubles cardiovasculaires, car elle accroît la viscosité du sang.

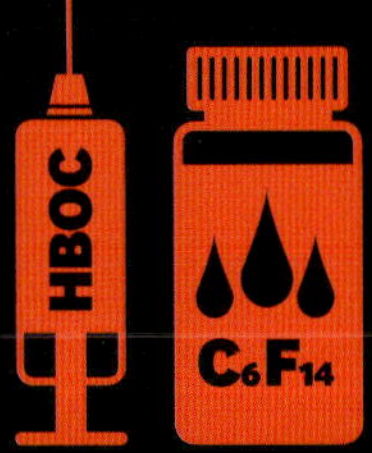

SUBSTITUTS SANGUINS SYNTHÉTIQUES

Les hémoglobines de synthèse (HBOC) et les perfluocarbones (PFC) sont injectés dans le sang afin de favoriser le transport d'oxygène.

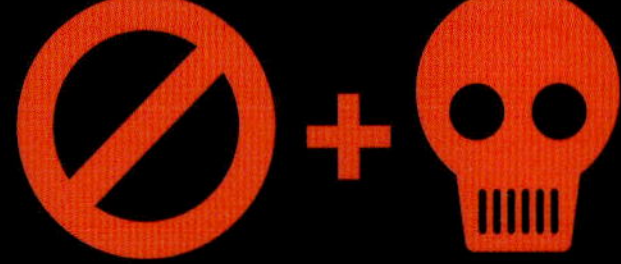

Les substituts sanguins, proscrits par l'AMA, peuvent provoquer des accidents cardiaques.

TRANSFUSIONS

L'autotransfusion (sang de l'athlète stocké) et l'hétérotransfusion (sang d'un donneur compatible) permettent d'augmenter la proportion de globules rouges dans le sang. Ces techniques sont proscrites par l'AMA, mais l'autotransfusion reste difficile à détecter.

Outre le risque cardiaque lié à la viscosité accrue du sang, ces techniques peuvent causer un empoisonnement sanguin et des lésions organiques.

1 à 4 unités de sang (1 unité = 450 ml) prélevées plusieurs semaines avant la compétition.

Globules rouges séparés du plasma sanguin et conservés à -80 °C.

Globules rouges réinjectés 1 à 7 jours avant la compétition pour un apport d'oxygène.

DOPAGE – AMÉLIORATEURS DE PERFORMANCE

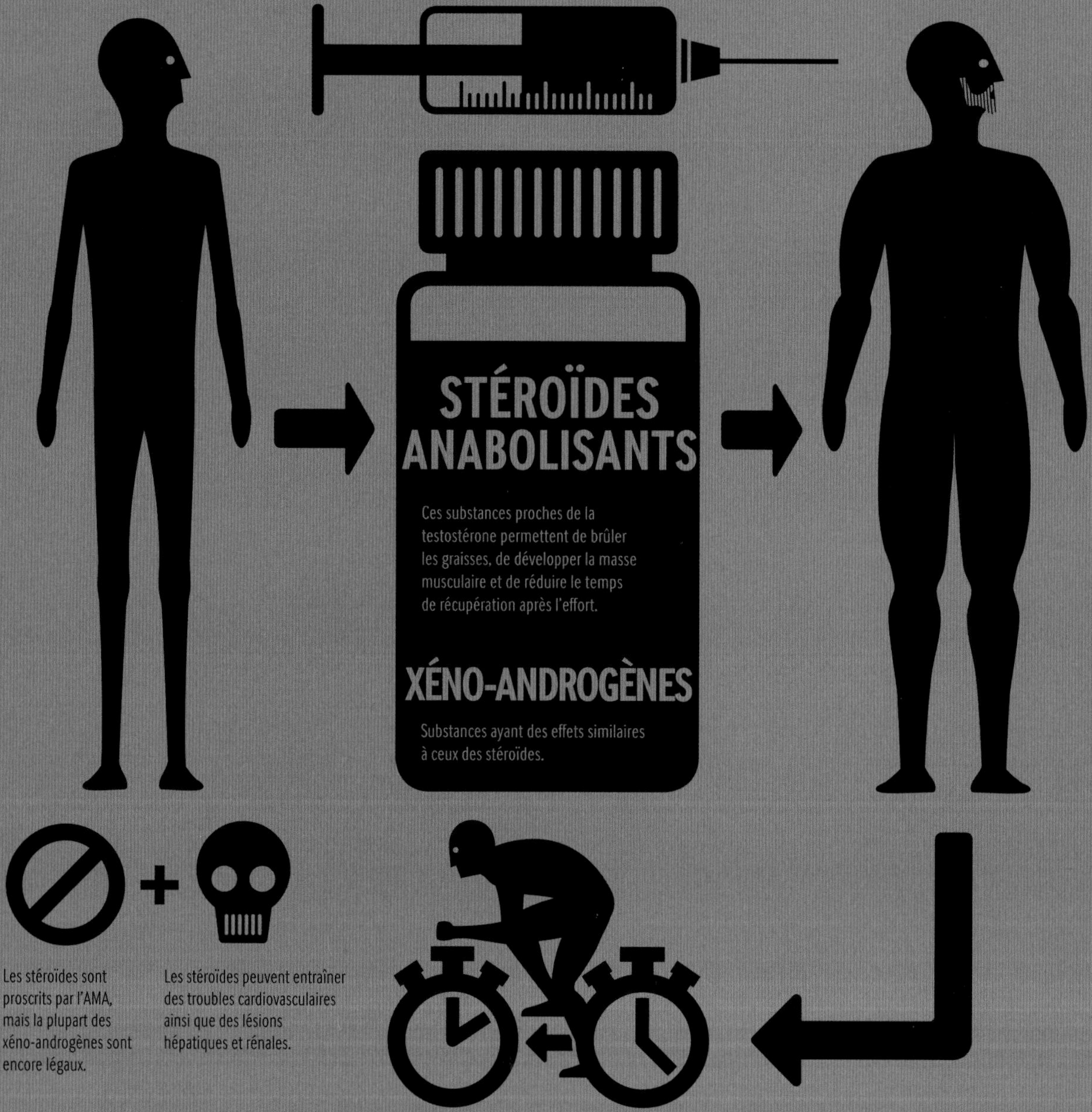

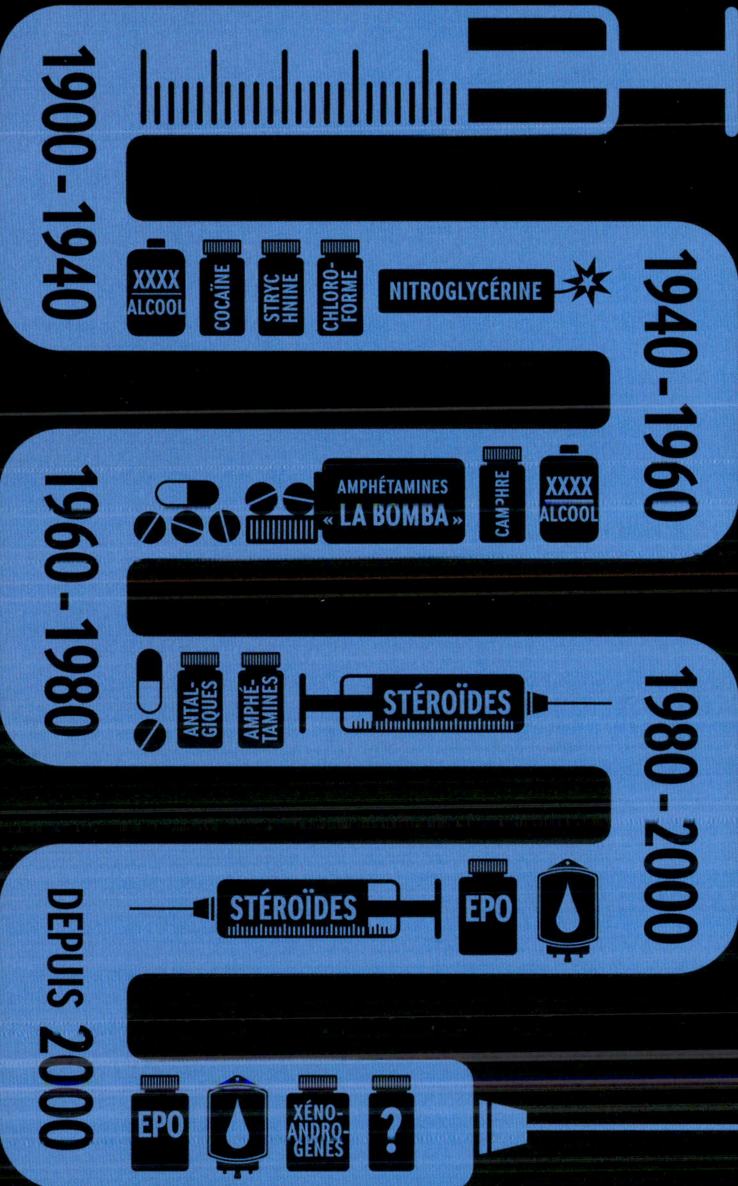

VAINCRE LES CONTRÔLES

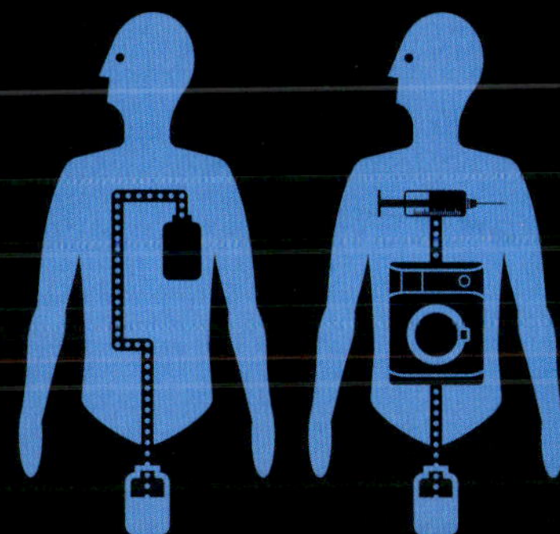

SUBSTITUTION D'URINE

Une poire d'urine propre est placée sous l'aisselle et reliée à un tube passant sous le maillot.

PRODUITS MASQUANTS

Les produits masquants dissimulent la présence de substances dopantes dans l'organisme.

PLANIFICATION

Un dopage soigneusement planifié peut demeurer non détecté.

NOUVEAUTÉ

Développer un test fiable peut prendre plusieurs années.

DOPAGE – LANCE ARMSTRONG ET LE DOCTEUR FERRARI

1995
COLLABORATION ENTRE ARMSTRONG ET FERRARI
2009

125
MILLIONS DE DOLLARS
MONTANT ESTIMÉ DE LA FORTUNE D'ARMSTRONG

2011
Armstrong arrête sa carrière professionnelle.

2012
Il est accusé d'usage de produits dopants par l'USADA et banni à vie.

2013
Il admet s'être dopé durant toute sa carrière lors d'une interview télévisée.

50
MILLIONS DE DOLLARS
PRIMES ET ARGENT DU SPONSORING EN COURS DE RÉCUPÉRATION PAR VOIE LÉGALE.

1999 **2000** **2001** **2002** **2003** **2004** **2005**

VICTOIRES D'ARMSTRONG DANS LE TOUR ANNULÉES PAR L'UCI

LE TEST VAM DU Dr FERRARI

Mesure l'aptitude en montagne en mètres de dénivelé par heure.

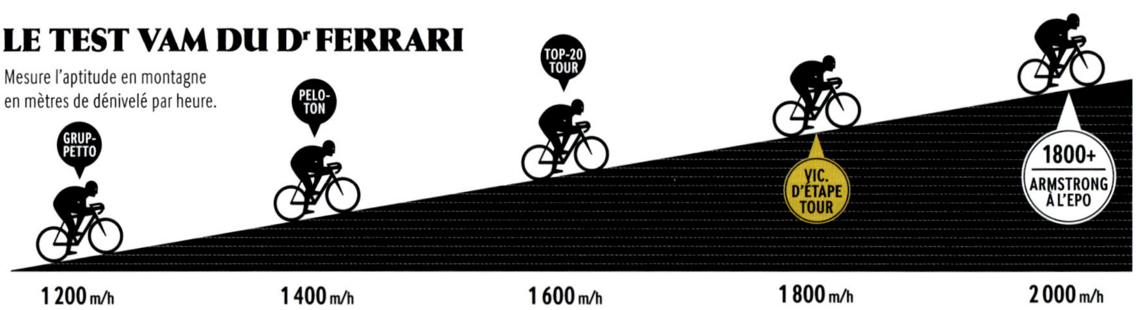

Dr FERRARI
ÉCRASE LA CONCURRENCE SANS EFFORT !
REMÉDIE AUX MÉFORMES SPORTIVES !
EPO
MERVEILLEUSE MÉDECINE
RÉSULTATS GARANTIS !

L'ÉTAPE DU TOUR

CYCLOSPORTIVE D'UN JOUR ADOSSÉE AU TOUR DE FRANCE ET REPRENANT UNE ÉTAPE MARQUANTE DE L'ÉPREUVE. LE PARCOURS CHANGE CHAQUE ANNÉE.

1re ÉDITION EN :

1993

DÉNIVELÉ POSITIF :

5 180 m

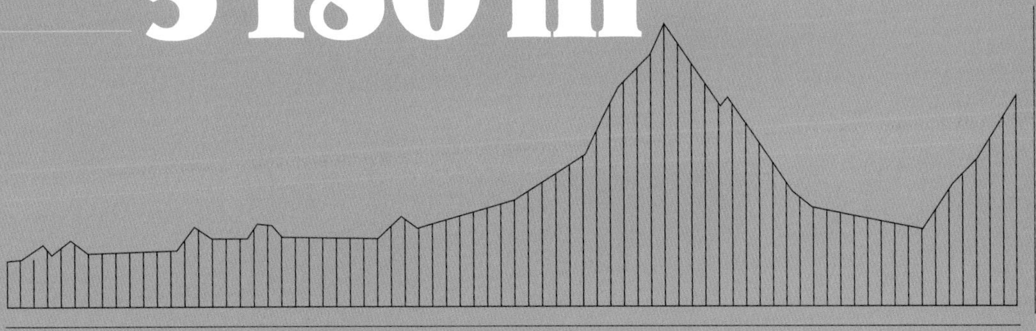

DISTANCE :

148 km

1 COL DU TOURMALET

POURCENTAGE MOYEN : 7,3 %

POURCENTAGE MAXIMAL : 10 %

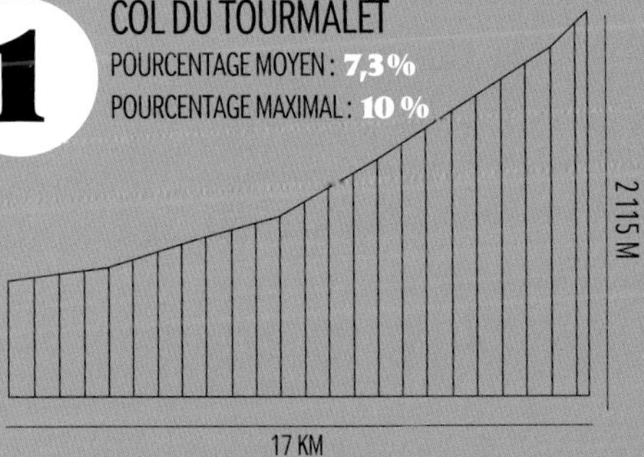

2 HAUTACAM

POURCENTAGE MOYEN : 7,8 %

POURCENTAGE MAXIMAL : 10 %

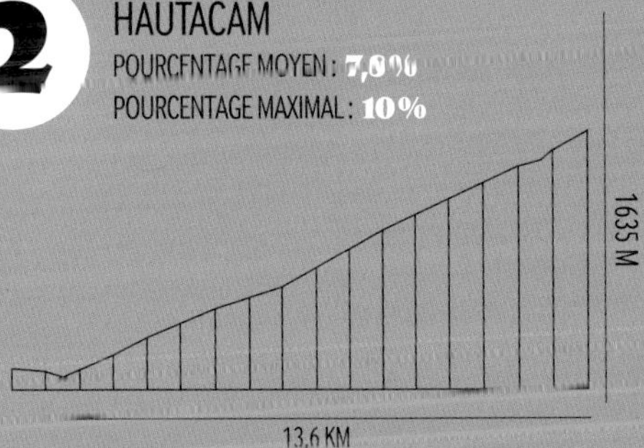

NOMBRE DE PARTICIPANTS :

8 500

3 820 FINISSEURS EN 2013

CYCLOSPORTIVES
LA MARMOTTE

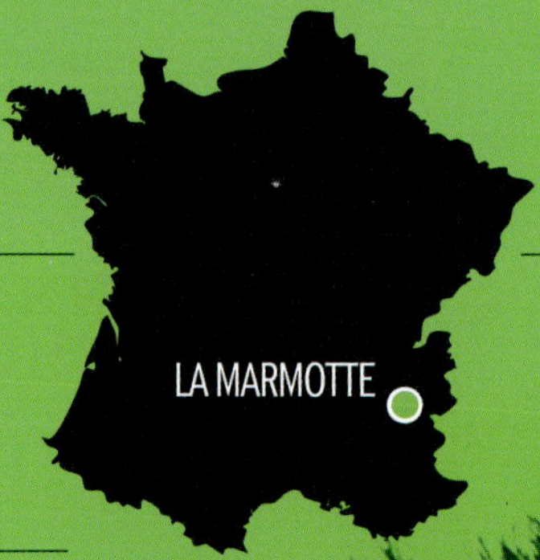

1re ÉDITION EN :

1982

NOMMÉE AINSI EN HOMMAGE AU PETIT MAMMIFÈRE FOUISSEUR SOUVENT RENCONTRÉ DANS LES ALPES

DISTANCE :

174,4 km

CYCLOSPORTIVE D'UN JOUR INCLUANT PLUSIEURS COLS DE PREMIÈRE CATÉGORIE EMPRUNTÉS PAR LE TOUR DE FRANCE.

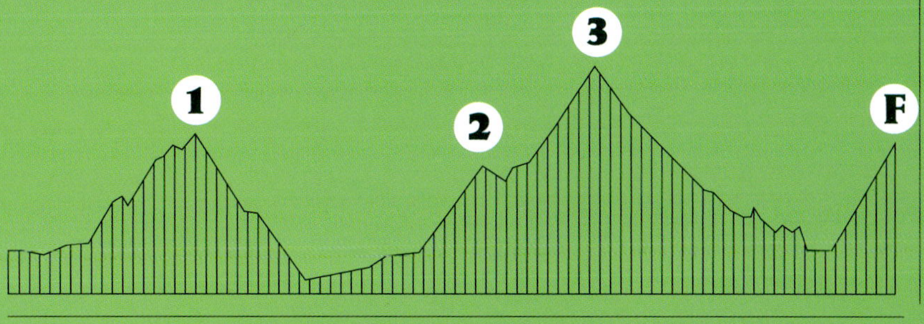

DÉNIVELÉ POSITIF :
5180 m

1 COL DU GLANDON

POURCENTAGE MOYEN : **4,8 %**
POURCENTAGE MAXIMAL : **11 %**

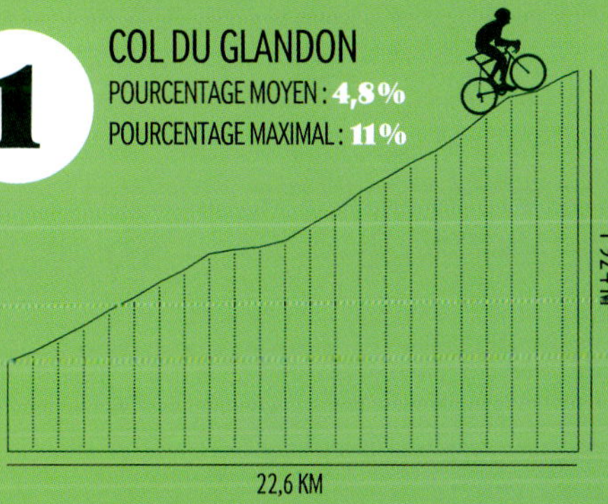

3 COL DU GALIBIER

POURCENTAGE MOYEN : **7 %**
POURCENTAGE MAXIMAL : **10 %**

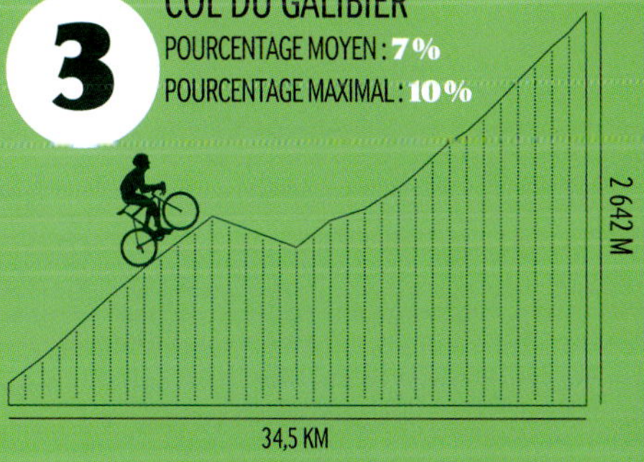

2 COL DU TÉLÉGRAPHE

POURCENTAGE MOYEN : **7,3 %**
POURCENTAGE MAXIMAL : **9,8 %**

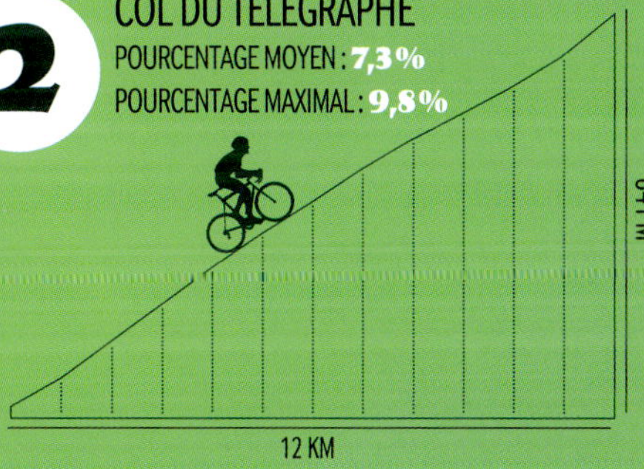

A MONTÉE DE L'ALPE-D'HUEZ

POURCENTAGE MOYEN : **8 %**
POURCENTAGE MAXIMAL : **13 %**

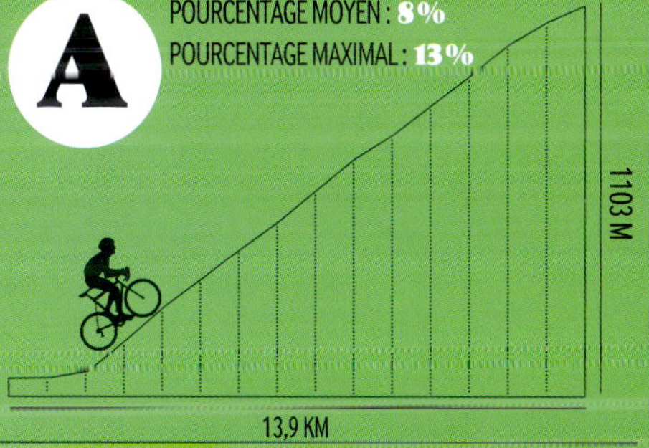

La descente du col du Glandon, très pentue, n'est pas incluse dans le temps des coureurs afin de décourager les manœuvres dangereuses.

Les 21 virages en épingle de la montée de l'Alpe-d'Huez portent chacun le nom d'un ancien vainqueur de l'étape. Cette distraction aide les coureurs à oublier un peu leurs terribles souffrances.

NOMBRE DE PARTICIPANTS :
7 000

CYCLOSPORTIVES
RIDE LONDON-SURREY 100

80 000

CANDIDATS POUR SEULEMENT

25 000

PLACES

1re ÉDITION EN :

2013

CYCLOSPORTIVE REPRENANT LE PARCOURS ROUTE HOMMES DES JEUX OLYMPIQUES DE LONDRES.

DISTANCE :

161 km

ROUTES FERMÉES À LA CIRCULATION. HARRODS, PARLIAMENT SQUARE ET WHITEHALL PARMI LES POINTS MARQUANTS.

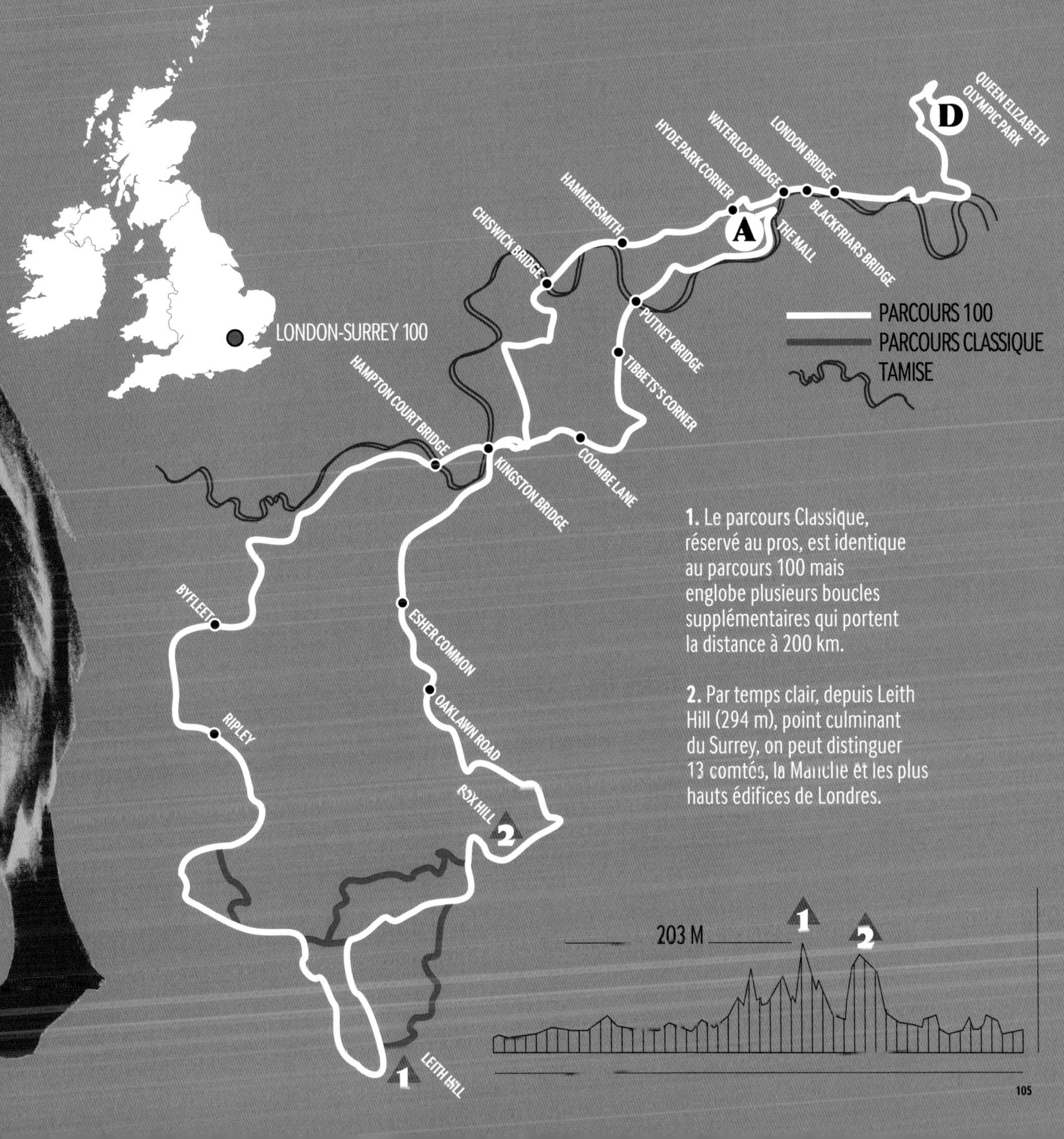

1. Le parcours Classique, réservé au pros, est identique au parcours 100 mais englobe plusieurs boucles supplémentaires qui portent la distance à 200 km.

2. Par temps clair, depuis Leith Hill (294 m), point culminant du Surrey, on peut distinguer 13 comtés, la Manche et les plus hauts édifices de Londres.

CYCLOSPORTIVES
MARATHON DES DOLOMITES

1re ÉDITION EN :

1987

NOMBRE D'ÉDITIONS :

28 (2014)

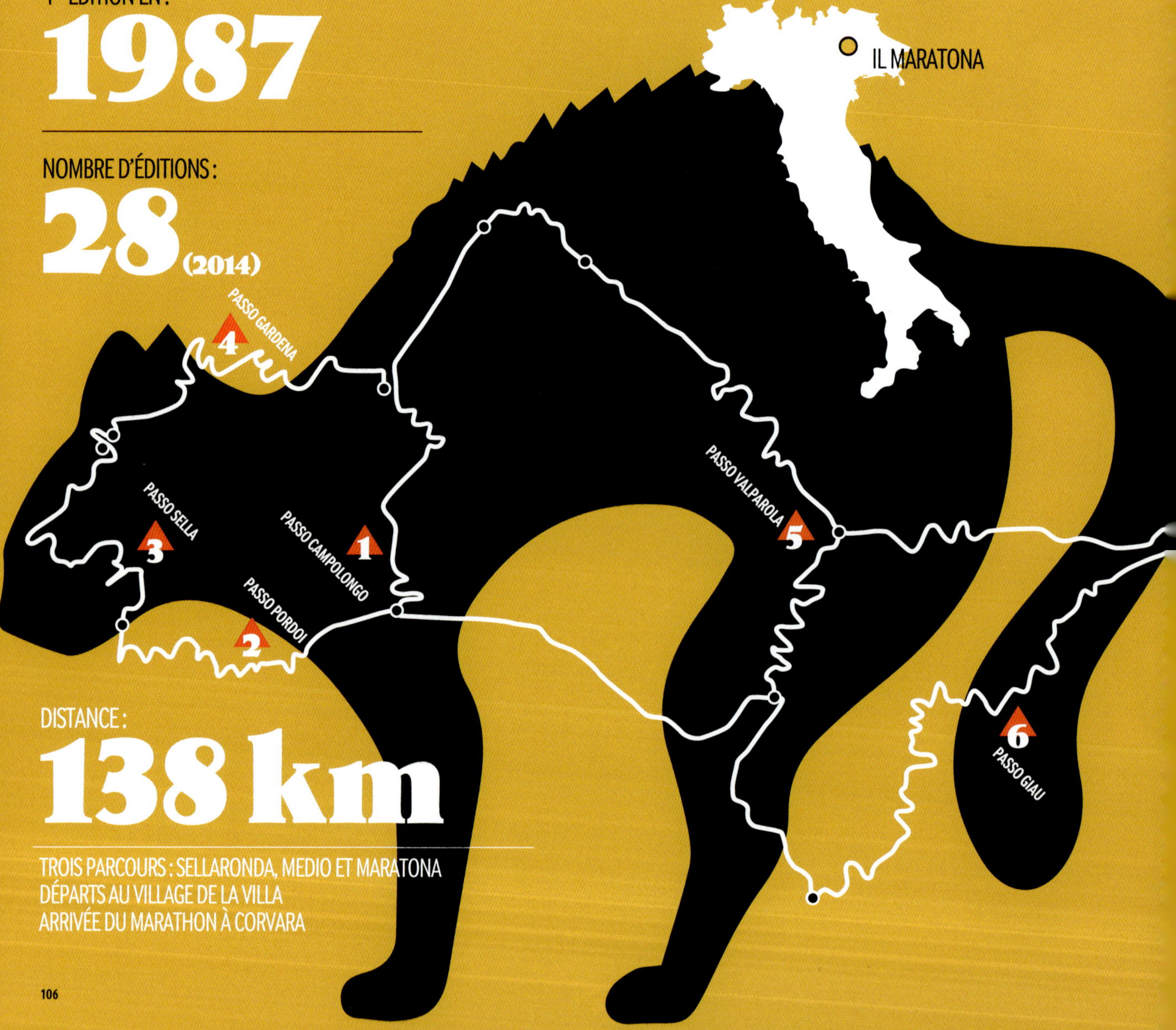

DISTANCE :

138 km

TROIS PARCOURS : SELLARONDA, MEDIO ET MARATONA
DÉPARTS AU VILLAGE DE LA VILLA
ARRIVÉE DU MARATHON À CORVARA

ASCENSIONS : PRINCIPAUX COLS

1 PASSO CAMPOLONGO

POURCENTAGE MOYEN : **6,1%**

POURCENTAGE MAXIMAL : **11%**

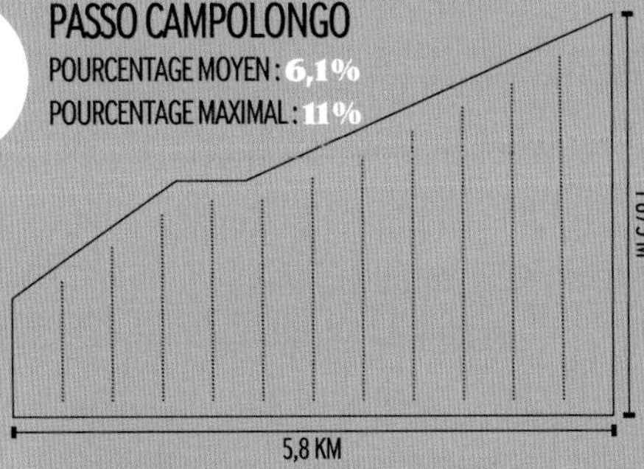

2 PASSO PORDOI

POURCENTAGE MOYEN : **6,9%**

POURCENTAGE MAXIMAL : **10%**

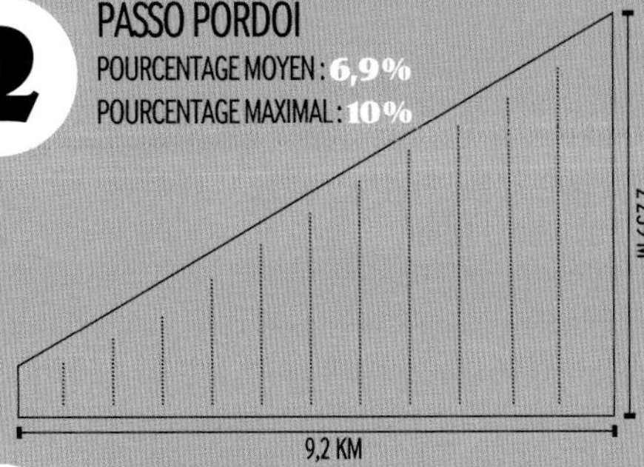

3 PASSO SELLA

POURCENTAGE MOYEN : **7,9%**

POURCENTAGE MAXIMAL : **12%**

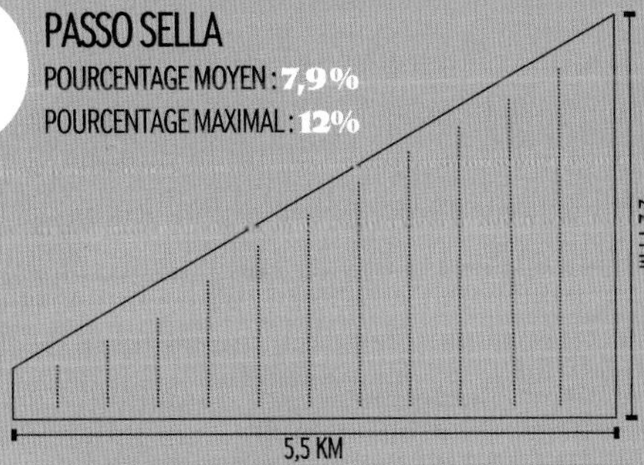

4 PASSO GARDENA

POURCENTAGE MOYEN : **4,3%**

POURCENTAGE MAXIMAL : **10%**

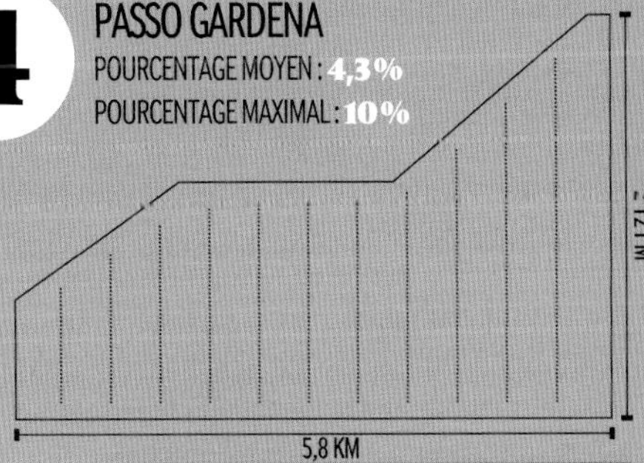

5 PASSO VALPAROLA

POURCENTAGE MOYEN : **6,7%**

POURCENTAGE MAXIMAL : **15%**

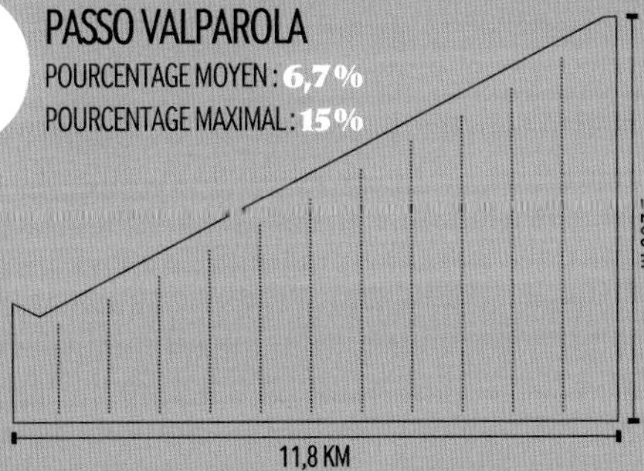

6 PASSO GIAU

POURCENTAGE MOYEN : **9,3%**

POURCENTAGE MAXIMAL : **15%**

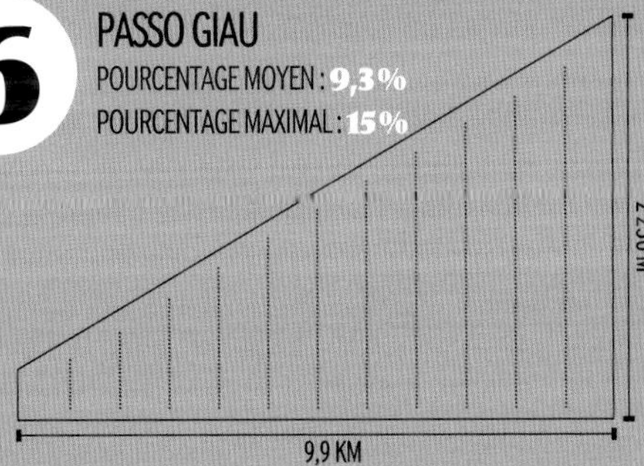

NOMBRE DE PARTICIPANTS :

9 000

DÉNIVELÉ POSITIF :

4 190 m

2012 : 29 000 CANDIDATS POUR 4 800 PLACES

CYCLOSPORTIVES
PARIS-ROUBAIX CHALLENGE

1re ÉDITION EN :

1896 COURSE PROFESSIONNELLE

Cyclosportive d'un jour adossée à la Classique Paris-Roubaix, « l'Enfer du Nord »

DISTANCES :

70/141/170 km

LE PARCOURS LE PLUS DIFFICILE EST PRÈS DE 90 KM PLUS COURT QUE LE PARCOURS DE LA FAMEUSE CLASSIQUE, LONG DE 258 KM. LE PARCOURS EMPRUNTÉ PAR LES PROFESSIONNELS ENGLOBE 28 SECTEURS PAVÉS

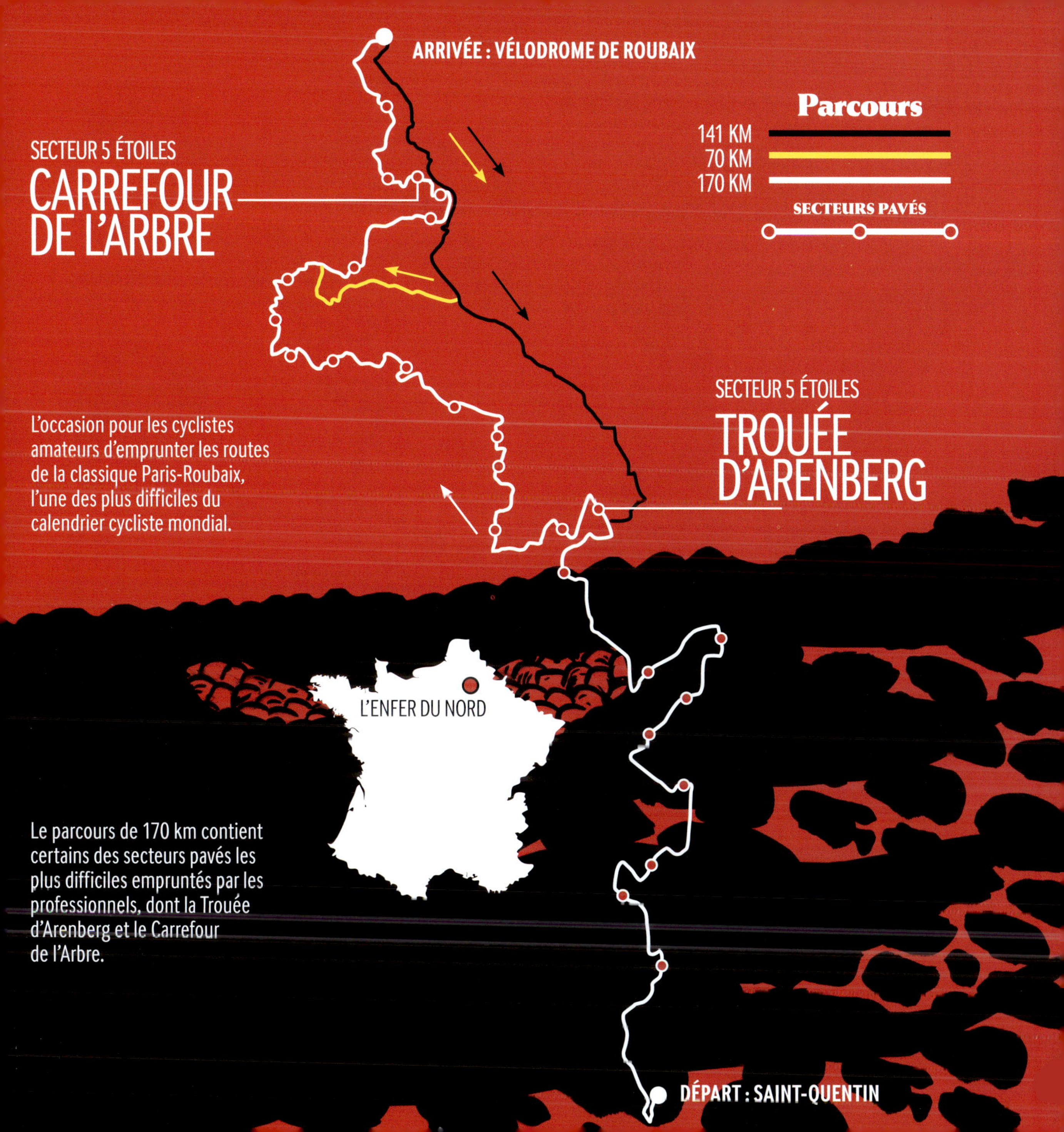

L'occasion pour les cyclistes amateurs d'emprunter les routes de la classique Paris-Roubaix, l'une des plus difficiles du calendrier cycliste mondial.

Le parcours de 170 km contient certains des secteurs pavés les plus difficiles empruntés par les professionnels, dont la Trouée d'Arenberg et le Carrefour de l'Arbre.

COLS DE LÉGENDE – MONTÉE DE L'ALPE-D'HUEZ

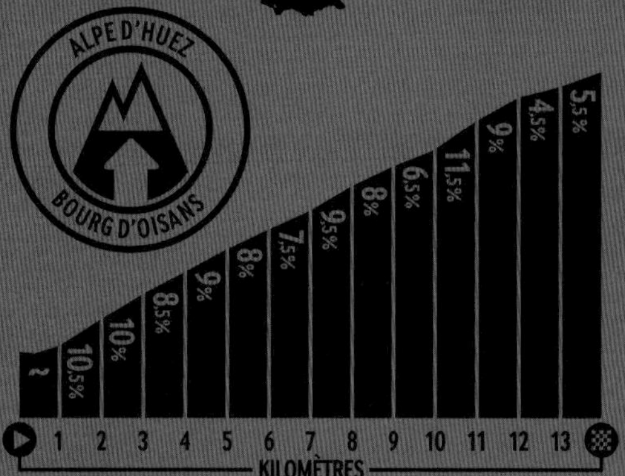

POURCENTAGE MAXIMAL

DÉNIVELÉ

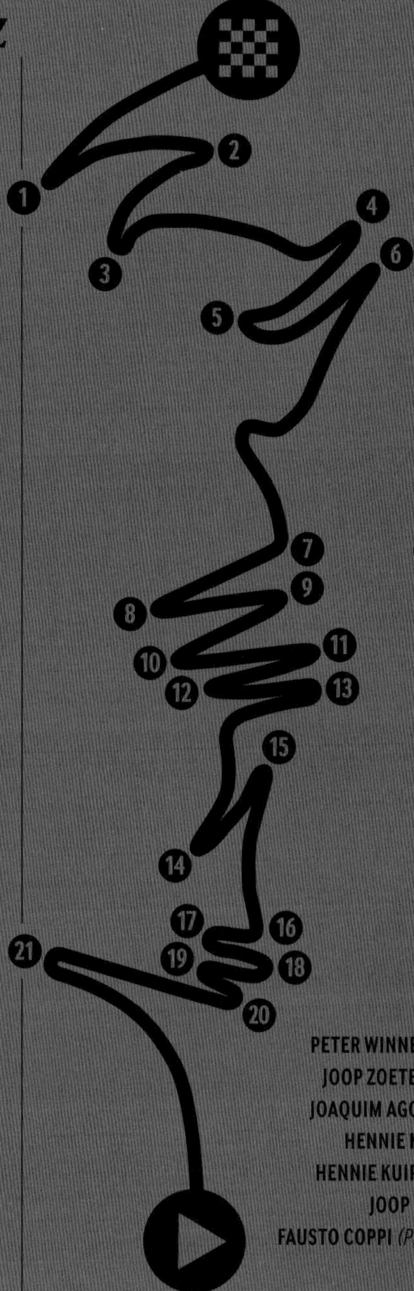

MEILLEUR TEMPS

MARCO PANTANI

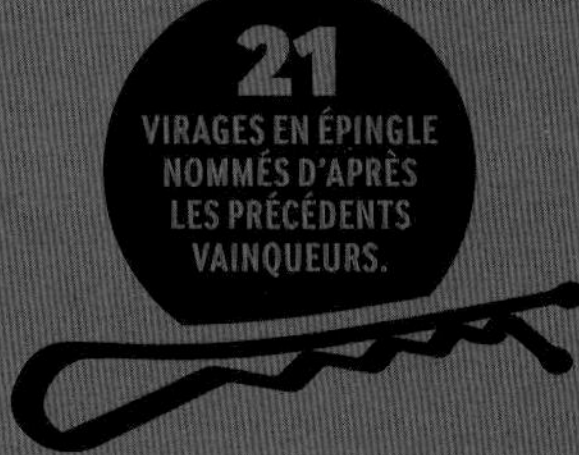

- GIUSEPPE GUERINI 1
- MARCO PANTANI 2
- MARCO PANTANI 3
- ROBERTO CONTI 4
- ANDREW HAMPSTEN 5
- GIANNI BUGNO 6
- GIANNI BUGNO 7
- GERT-JAN THEUNISSE 8
- STEVEN ROOKS 9
- FEDERICO ECHAVE 10
- BERNARD HINAULT 11
- LUIS HERRERA 12
- PETER WINNEN 13
- BEAT BREU 14
- PETER WINNEN / CHRISTOPHE RIBLON 15
- JOOP ZOETEMELK / PIERRE ROLLAND 16
- JOAQUIM AGOSTINO / CARLOS SASTRE 17
- HENNIE KUIPER / FRANK SCHLECK 18
- HENNIE KUIPER / LANCE ARMSTRONG 19
- JOOP ZOETEMELK / IBAN MAYO 20
- FAUSTO COPPI *(PREMIER VAINQUEUR 1952)* / LANCE ARMSTRONG 21

8 VICTOIRES – 5 VAINQUEURS

VIRAGE 7

LE VIRAGE DES HOLLANDAIS

× 1000 sp

450 000 SPECTATEURS EN 2013

x 10 000

VICTOIRES LÉGENDAIRES

1984

L'AMATEUR COLOMBIEN LUIS HERRERA SURPREND LE PELOTON ET ARRIVE EN SOLITAIRE.

1999

CULBUTÉ PAR UN FAN, L'ITALIEN GIUSEPPE GUERINI SE RELÈVE ET GAGNE.

1986

BERNARD HINAULT (VAINQUEUR) ET GREG LEMOND ARRIVENT MAIN DANS LA MAIN POUR SIGNIFIER LEUR RÉCONCILIATION.

2013

LE FRANÇAIS CHRISTOPHE RIBLON TRIOMPHE APRÈS DEUX MONTÉES DE L'ALPE D'HUEZ DANS LA MÊME ÉTAPE.

COLS DE LÉGENDE – LE MONT VENTOUX

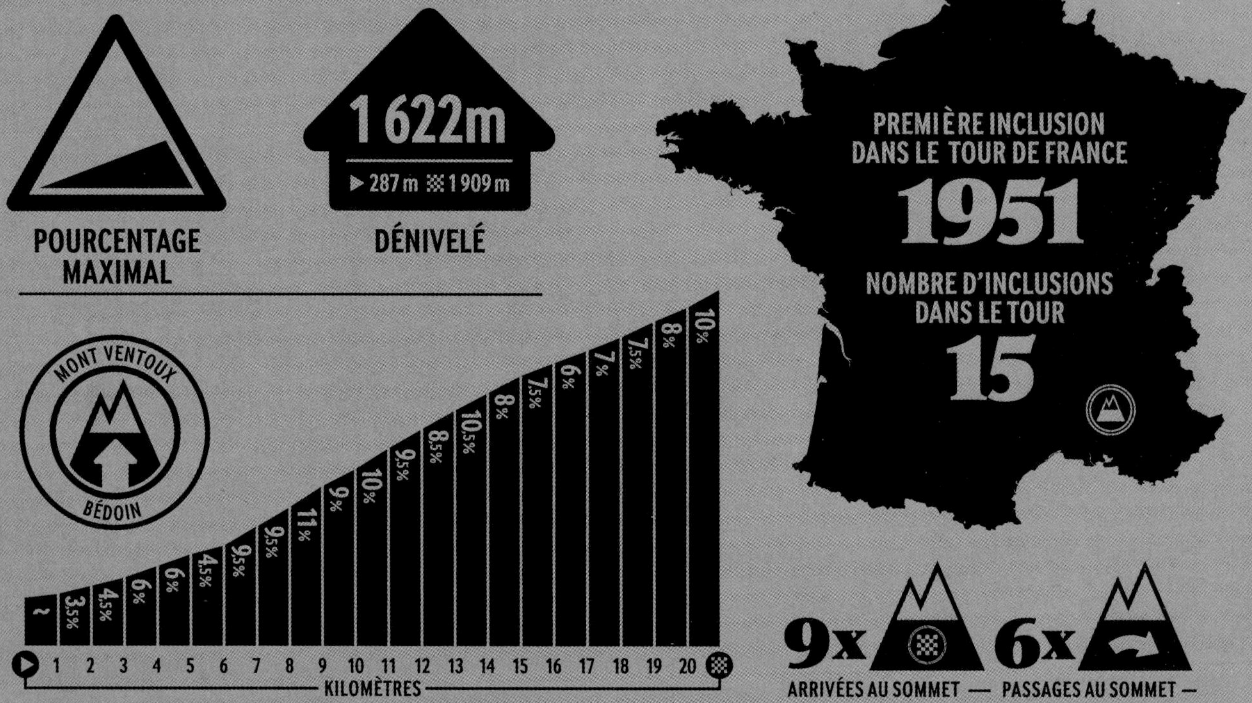

AU SOMMET

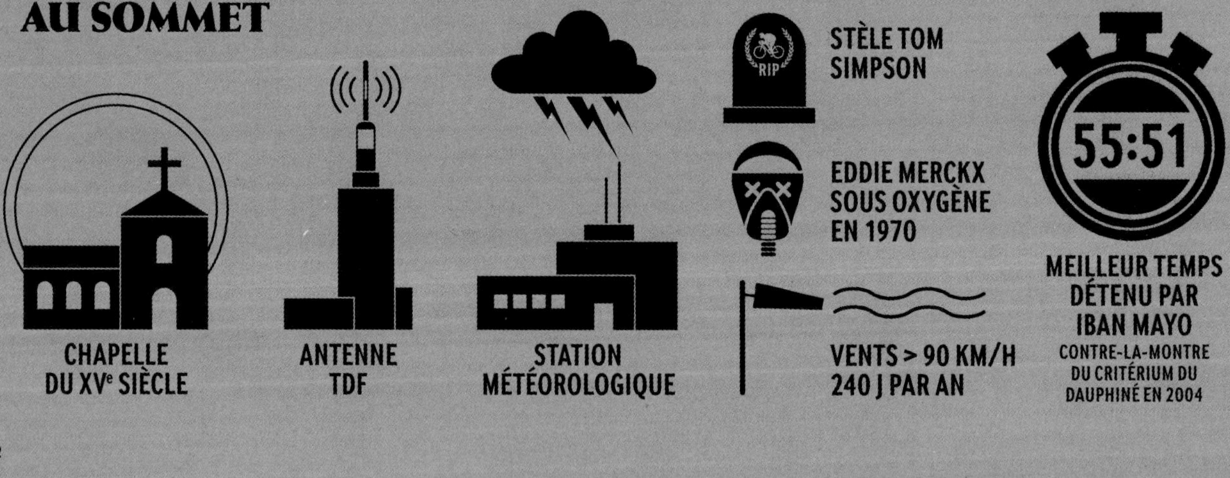

TOM SIMPSON

S'EFFONDRE ET MEURT À 1,5 KM DU SOMMET
DURANT LE TOUR DE FRANCE 1967.

COLS DE LÉGENDE – LE TOURMALET

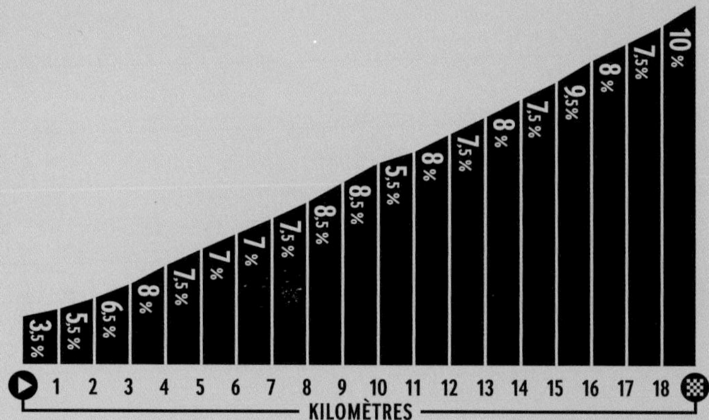

POURCENTAGE MAXIMAL

DÉNIVELÉ

TDF 1910 – 10e ÉTAPE LUCHON-BAYONNE

LE VAINQUEUR DE L'ÉTAPE ET FUTUR VAINQUEUR DU TOUR OCTAVE LAPIZE TRAITE LES ORGANISATEURS DE « CRIMINELS » APRÈS AVOIR GRAVI L'ESSENTIEL DU COL EN MARCHANT.

LA FOURCHE D'EUGÈNE - 1913

LE LEADER EUGÈNE CHRISTOPHE CASSE SA FOURCHE DANS LA DESCENTE ET LA RÉPARE LUI-MÊME À LA FORGE D'UN VILLAGE, EN APPLICATION DU RÈGLEMENT INTERDISANT TOUTE ASSISTANCE. IL PERD 3,5 H.

AU SOMMET

STÈLE JACQUES GODDET, JOURNALISTE ET ANCIEN DIRECTEUR DU TOUR.

PRIME OFFERTE PAR JACQUES GODDET AU PREMIER COUREUR AU SOMMET.

STATUE D'OCTAVE LAPIZE CHERCHANT DE L'AIR.

COLS DE LÉGENDE - L'AUBISQUE

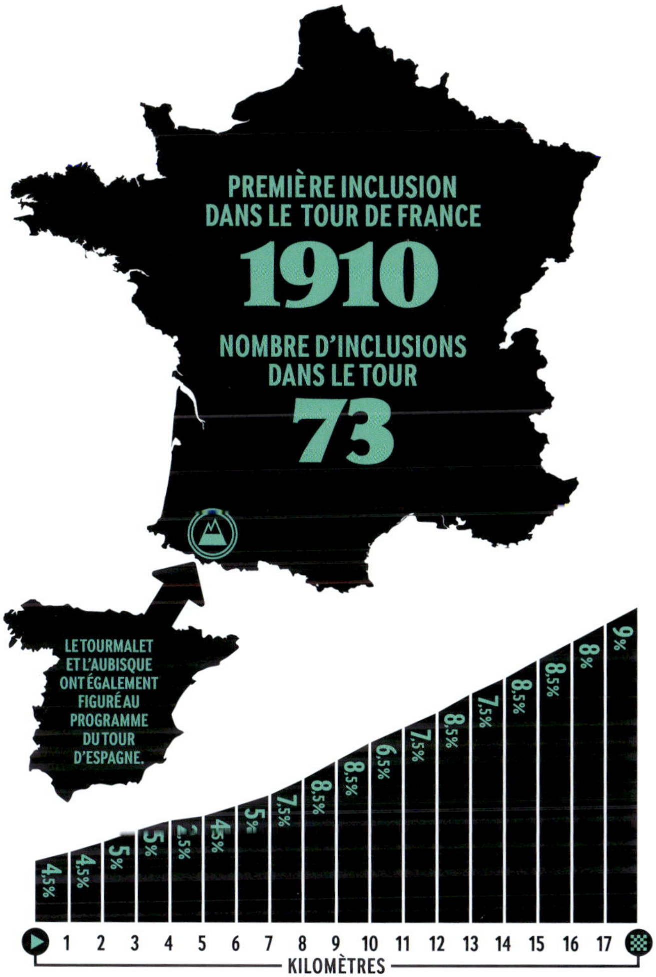

POURCENTAGE MAXIMAL

DÉNIVELÉ

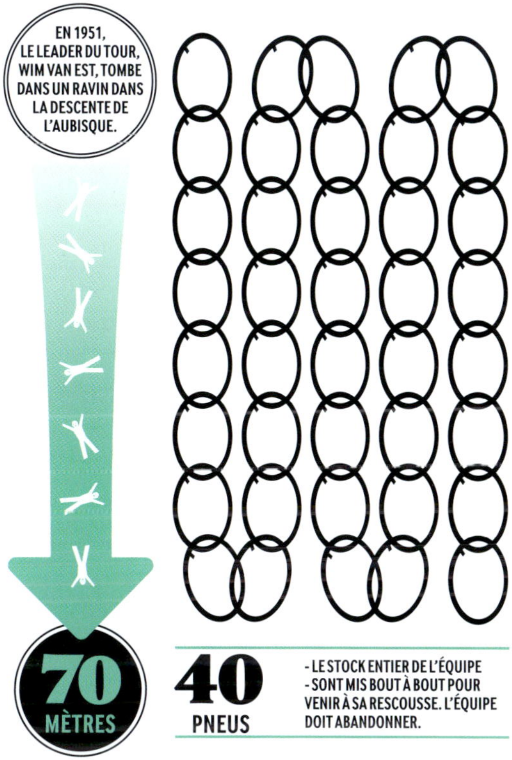

BRAQUETS UTILISÉS

39 x 28 à 32

COLS DE LÉGENDE – PASSO DELLO STELVIO

PREMIÈRE INCLUSION DANS LE TOUR D'ITALIE
1953

NOMBRES D'INCLUSIONS
11

1967 1988
1984 2013
ANNULATIONS DUES À LA NEIGE

1 h18 min
MEILLEUR TEMPS
BERNARD HINAULT

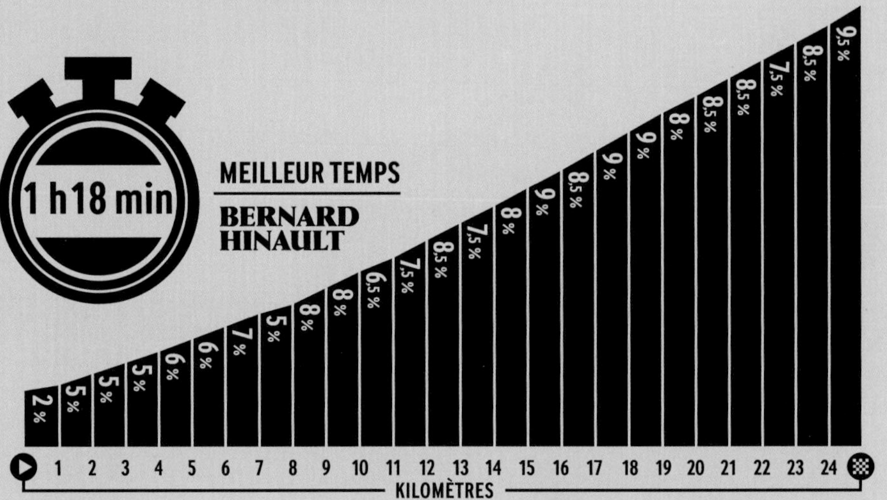

PASSO STELVIO
PRATO ALLO STELVIO

14 %
POURCENTAGE MAXIMAL

1 842 m
▶ 916 m 2 758 m
DÉNIVELÉ

VIRAGES EN ÉPINGLE

AU SOMMET

BATAILLE DE LA 1re GUERRE MONDIALE

EMPIRE D'AUTRICHE

FAUSTO COPPI EN 1953

4
ARRIVÉES AU SOMMET DU GIRO

DRAMES AU STELVIO !

1984
LES ORGANISATEURS DÉCLARENT LE COL IMPASSABLE ET MODIFIENT LE PARCOURS, FAVORISANT FRANCESCO MOSER AUX DÉPENS DU LEADER LAURENT FIGNON.

2003
MALADE, L'ITALIEN IVAN BASSO PERD 42 MIN ET TOUTE CHANCE DE VICTOIRE FINALE.

+42 min

COLS DE LÉGENDE – MONTE ZONCOLAN

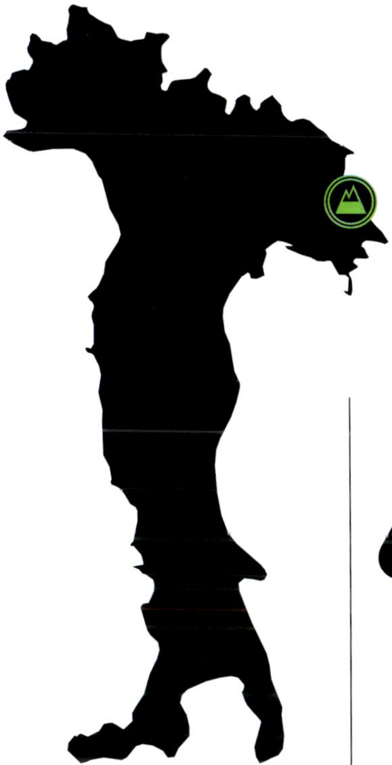

PREMIÈRE INCLUSION DANS LE TOUR D'ITALIE
2003

NOMBRES D'INCLUSIONS **5**

POURCENTAGE

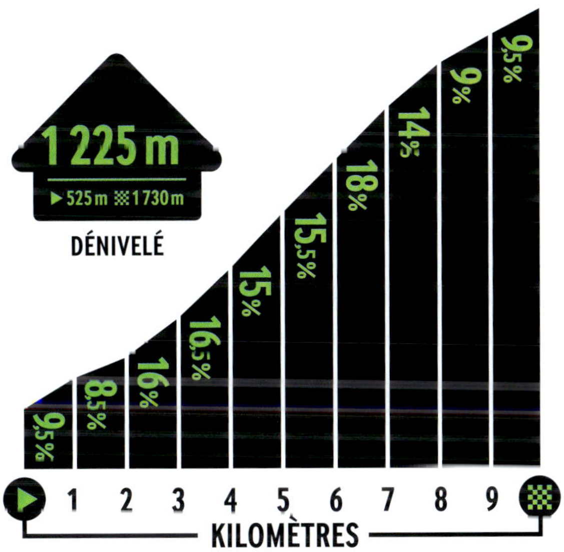

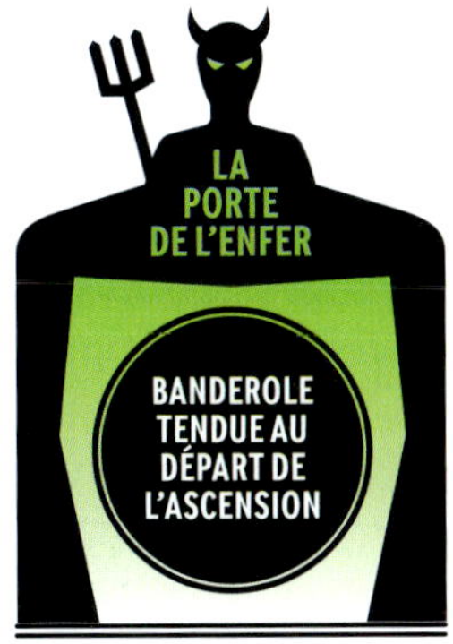

ROUTE TROP ÉTROITE POUR LES VOITURES D'ASSISTANCE : VÉLOS DE RECHANGE TRANSPORTÉS À MOTO.

3 ROUTES VERS LE SOMMET. LA MONTÉE DEPUIS OVARO EST LA PLUS DURE.

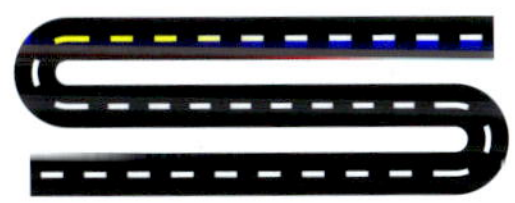

LES DERNIERS KILOMÈTRES ONT ÉTÉ GOUDRONNÉS EN 2007.

FITNESS – GPS GARMIN

Console GPS associée à un site Internet pour l'évaluation de la performance

DANIEL MARTIN | DAVID MILLAR | ANDREW TALANSKY

Garmin est le sponsor principal de l'équipe Garmin-Sharp.

LOCALISATION GPS | COMMUNAUTÉ | RÉSEAUX SOCIAUX | VÉLO

G A R M I N   C O N N E C T

Permet d'analyser la performance à l'aide de graphiques.

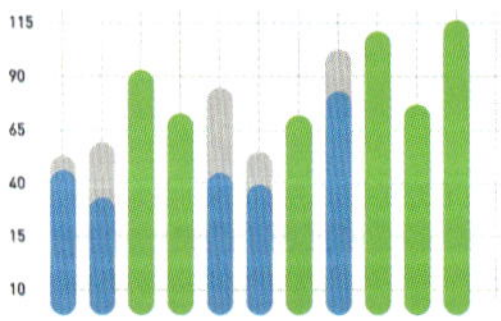

Kilométrage mensuel

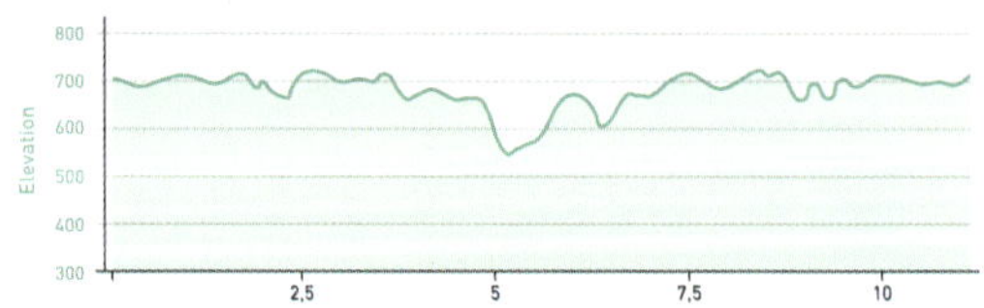

Altimétrie

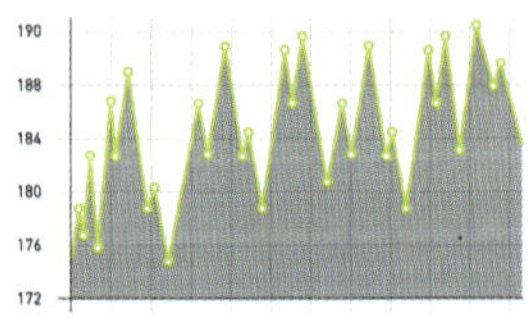

Intensité

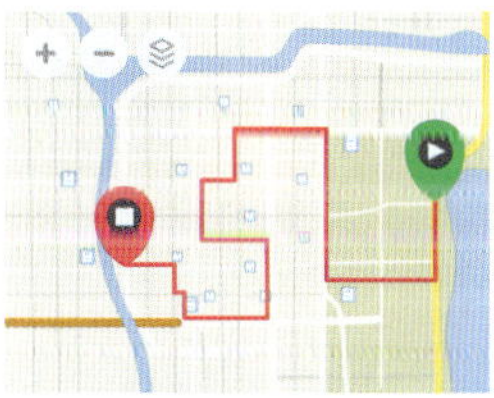

Envoi/réception des parcours et téléchargements sans fil vers Garmin Connect.

Traçage de l'entraînement en temps réel sur l'ordinateur familial, avec itinéraires empruntés et destinations.

Peut être couplé au groupe électronique Shimano Di2 pour affichage des braquets.

FITNESS – STRAVA

Application mobile et en ligne pour le suivi des performances

LANCÉE À SAN FRANCISCO EN 2009

COMMUNAUTÉ

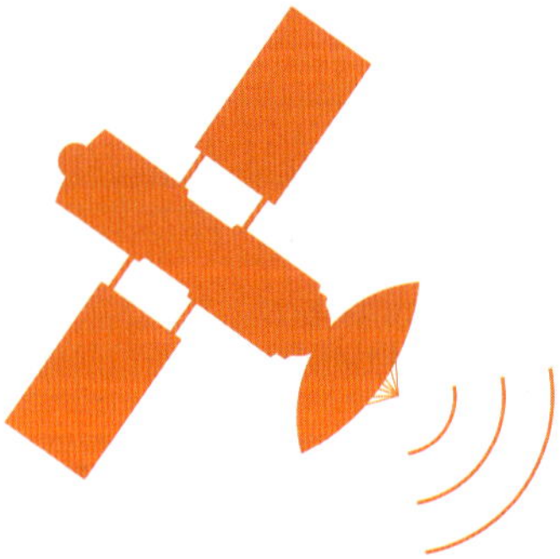

LOCALISATION GPS

CLASSEMENT

Classement par temps pour un segment donné

COURSE À PIED

VÉLO

ROI DE LA MONTAGNE
Meilleur temps sur un segment donné, qu'il s'agisse ou non d'une ascension.

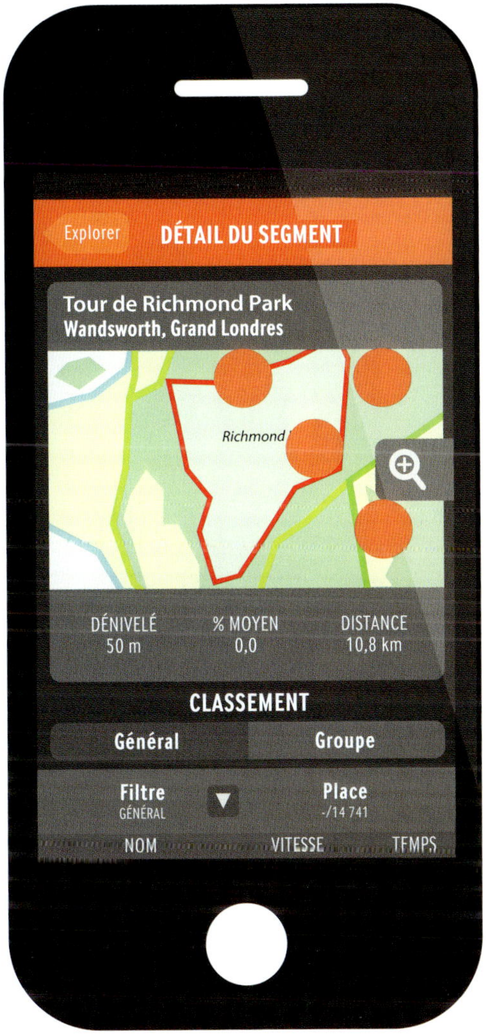

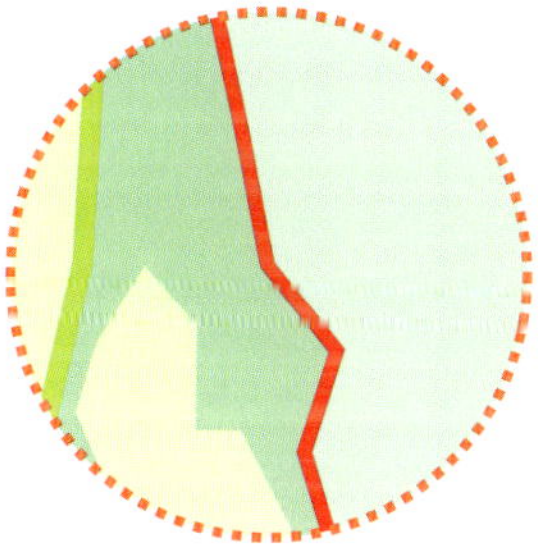

SEGMENT
Une section de route délimitée sur Strava

Les paramètres du segment incluent distance, pourcentage moyen et dénivelé.

MARIANNE VOS
Profil

Activité durant les 4 dernières semaines

21

PROFESSIONNELS
Les coureurs professionnels sont de plus en plus nombreux à publier leurs performances sur Strava.

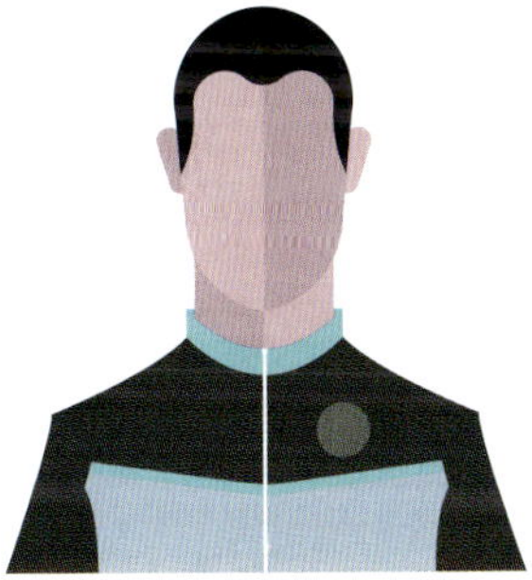

NIKI TERPSTRA
Le Hollandais a publié les données de sa victoire du Paris-Roubaix.

Profil

Activité durant les 4 dernières semaines

23

RATIO PUISSANCE/POIDS (P/KG)

LE PLUS SOUVENT EXPRIMÉ EN WATTS PAR KILOGRAMME (W/KG)

LE VO2 MAX EST EXPRIMÉ EN LITRES D'OXYGÈNE PAR MINUTE.

SANG PRÉLEVÉ
ET ANALYSÉ
DURANT LE TEST
VS
GRAISSES
SUCRES
LENTS
DÉTERMINE
COMMENT LES
MUSCLES UTILISENT
CE CARBURANT
SEUIL ANAÉROBIE
Niveau d'intensité à partir duquel l'acide
lactique s'accumule dans le sang
Détermine le pourcentage de VO2 Max
pouvant être utilisé dans la durée
REFLÈTE LA CAPACITÉ
DU MUSCLE À RÉPONDRE
À LA DEMANDE
D'ÉNERGIE

PUISSANCE INSTANTANÉE

1500 WATTS
MARK CAVENDISH

Puissance instantanée durant un sprint

450 WATTS
BRADLEY WIGGINS

Puissance instantanée durant une ascension soutenue

PUISSANCE INSTANTANÉE
Mesurée par un capteur de puissance et exprimée en watts

PUISSANCE FTP

60 min

Puissance maximale moyenne sur une heure

Exprimée en watts

Gardée secrète par les coureurs professionnels

« C'EST CE QUI NOUS LAISSE UN PETIT AVANTAGE. »

Dave Brailsford

220 W
90 rpm
98
197
W moyens
wattbike
0:03:51

VAM

VELOCITÀ ASCENSIONALE MEDIA
VITESSE ASCENSIONNELLE MOYENNE

VAM = (dénivelé en m/durée de l'ascension en min) x 60

*La VAM a été popularisée par le Dr Ferrari, préparateur de Lance Armstrong

PANTINI VS ARMSTRONG

Johan Bruyneel, directeur sportif de Lance Armstrong, appelle le Dr Ferrari depuis la voiture d'assistance pour connaître la VAM estimée de Marco Pantani.

01 : Marco Pantani attaque et remporte l'étape.
02 : Lance Armstrong le laisse partir. Il finit 4e mais reste leader du Tour.

MASSE CORPORELLE
VAM EN M (DÉN.)/HEURE
1800+
Lance Armstrong
PUISSANCE
La VAM est fréquemment utilisée pour estimer le ratio puissance/poids (en watts par kg).
1650-1800
Top-10 du CG ou vainqueur d'étape de montagne
PENTE
Un point de pourcentage supplémentaire induit une perte d'environ 50 m/h de VAM.
1450-1650
Top-20 du CG ou Top-20 d'une grosse étape de montagne
1300-1450
Finisseur d'une grosse étape de montagne (peloton)
PUISSANCE EN W/KG

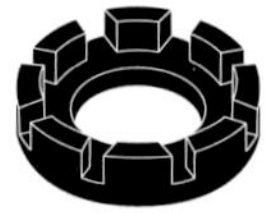
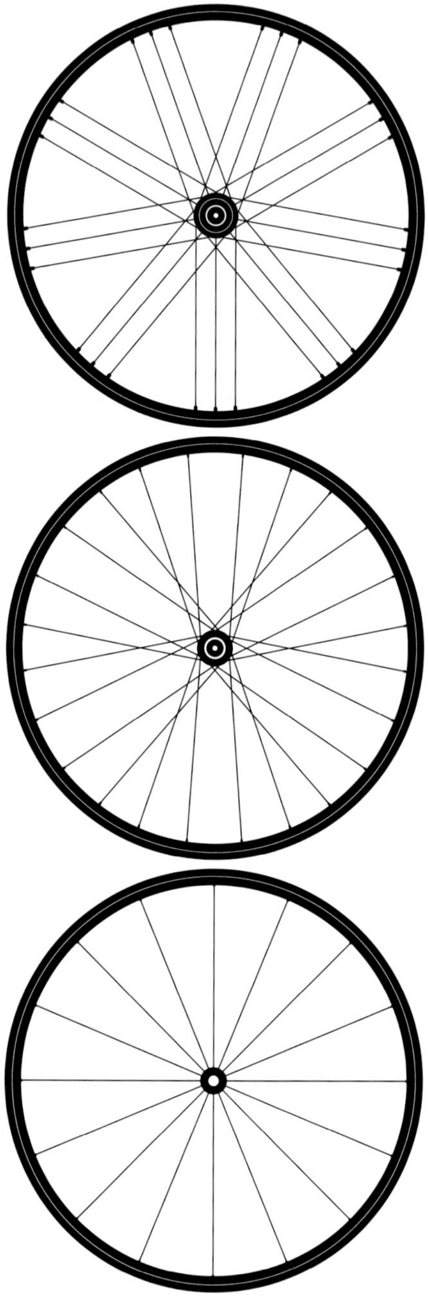

AVERTISSEMENT
Ce livre a été élaboré le plus soigneusement possible sur le plan technique. Cependant, ni l'auteur ni l'éditeur ne sauraient être tenus responsables des préjudices et dommages éventuels qui résulteraient de l'usage des informations données dans ces pages.

72, rue de Rochechouart
75009 Paris

Réalisation : Intexte
Traduction de l'anglais :
Thomas Guidicelli

Dépôt légal : juin 2016

ISBN : 979-10-295-0405-1

Imprimé en Chine

Première édition 2014 publiée par
Bloomsbury Publishing Plc
50 Bedford Square
London WC1B 3DP
www.bloomsbury.com

Cette adaptation de
Infographic Guide to Cycling
est éditée avec l'accord de
Bloomsbury Publishing Plc.

Remerciements

Graphisme de couverture
© Ryan Burisch

Conception graphique et illustrations
Matt Ward, Tim Whitlock, Ryan Burisch, Ryan Van Kesteren, Micol Montesanti, Thomas Buchinger, Hattie Scott, Dan Evans, Juste Halavin.

Édition pour RoadCyclingUK
Timothy John

Responsable de la publication
Kirsty Schaper